"十三五"国家重点出版物出版规划项目

物流与供应链前沿译丛（第二辑）

Packaging Logistics
包装物流

［瑞典］亨利克·派尔森（Henrik Pålsson）　著

冷凯君　田倩南　译

中国财富出版社有限公司

图书在版编目（CIP）数据

包装物流／（瑞典）亨利克·派尔森著；冷凯君，田倩南译 . --北京：中国财富出版社有限公司，2025.2. --（物流与供应链前沿译丛）.

ISBN 978 - 7 - 5047 - 7338 - 8

Ⅰ. F252；TB482

中国国家版本馆 CIP 数据核字第 2024830W4Y 号

著作权合同登记号 图字：01 - 2021 - 1133

策划编辑 郑欣怡		**责任编辑** 郑欣怡		**版权编辑** 武 玥	
责任印制 苟 宁		**责任校对** 杨小静		**责任发行** 敬 东	

出版发行 中国财富出版社有限公司

社　　址 北京市丰台区南四环西路 188 号 5 区 20 楼　邮政编码　100070

电　　话 010 - 52227588 转 2098（发行部）　　010 - 52227588 转 321（总编室）

　　　　　010 - 52227566（24 小时读者服务）　　010 - 52227588 转 305（质检部）

网　　址 http://www.cfpress.com.cn　**排　　版** 宝蕾元

经　　销 新华书店　　**印　　刷** 北京九州迅驰传媒文化有限公司

书　　号 ISBN 978 - 7 - 5047 - 7338 - 8/F · 3792

开　　本 710mm × 1000mm　1/16　**版　　次** 2025 年 3 月第 1 版

印　　张 12.5　　**印　　次** 2025 年 3 月第 1 次印刷

字　　数 174 千字　　**定　　价** 98.00 元

赞　誉

包装废弃物带来的环境问题越来越多地出现在新闻报道中，一本将包装置于更广泛供应链背景下的书是非常受欢迎且应景的。Henrik Pålsson 是国际包装物流领域的主要专家之一，他为我们提供了一个全面的、研究深入的、文笔清晰的主题概述，学术界研究人员和供应链环节从业人员都应仔细阅读本书。

Alan McKinnon，德国汉堡库纳物流大学物流学教授

本书不仅是每个从事包装工作的人必读的书，而且是每个从事物流和供应链管理的人，从原材料供应商到批发商、零售商和物流服务提供商甚至是消费者，都必须阅读的书。本书很吸引人，与这一领域的其他书籍不同，在考虑包装问题时，本书将营销和供应链工作进行了整合和协调，而不是将两者割裂开来。本书成功地将实用性强、便于读者理解的包装物流介绍与作者自己的前沿研究成果相结合。

本书提供了具体的工具，用于评价整个供应链中的包装性能，并在技术、创新和环境方面做出关键决策。本书提供了许多非常有趣的例子来说明包装对环境的影响。本书通过对供应链中的创新和排放控制的协同研究，提供了一个关于循环经济的整体观点。

试图向其他市场扩张的公司，无论是通过全渠道方式，还是向发展

中国家等新市场扩张，都会发现最后几章特别有用。本书最终为整个电子商务供应链的包装决策提供了一个全面的框架，而最后一章则将视角扩展到将产品引入新兴市场时应考虑的问题。

Gyöngyi Kovács，芬兰汉肯经济学院市场营销系人道主义物流、

供应链管理和社会责任领域教授

本书为我们了解包装在供应链中的作用做出了坚实的贡献。

Diana Twede，美国密歇根州立大学包装学院荣誉教授

本书对当代包装物流领域的主题进行了全面概述。我觉得它对教学和研究都很有用。

Erik Sandberg，瑞典林雪平大学管理与工程系物流

和质量管理专业副教授

序　言

　　了解和管理包装可以使企业在战略和运营层面上做出更明智的关于供应链方面的决策。包装对供应链的绩效有着重大影响，会影响供应链中的所有物流活动。包装应当起到保护、容纳、分配、单元化、传递信息和提供便利的作用，同时促进物流效率和环境效益。平衡所有这些要求是一项复杂的工作，但如果能够成功实现，将极大地降低供应链中的成本和负面环境影响。

　　包装物流是一个新兴的研究领域，也是物流行业关注的一个快速增长的领域。本书将作者的研究与该主题领域当前研究的综合结果以及来自业界的见解相结合。本书的内容是作者在近15年对该主题的潜心研究和硕士生教学过程中形成和发展起来的。在这些年里，特别是在瑞典和南非的供应链管理和物流课程的硕士生教学中，一直缺乏关于该主题的文献。本书填补了这一空白，其目的是在教学上为供应链管理、物流和包装领域的硕士生和专业人士介绍包装物流的理论基础、基本概念和前沿研究。本书对其他教育项目和对包装物流感兴趣的专业人员也很有帮助。

　　本书阐述了包装在整个供应链物流中的许多作用。它通过介绍基本理念、概念、原则、实用的方法、组织支持和管理支持，使人们深入了解包装物流。它阐述了满足多种包装要求和权衡众多条件的复杂性。它深入探讨了包装产品在供应链中的经济和环境绩效，并强调从系统的角度来分析包装产品对供应链的影响。

致　谢

　　在编写本书的过程中，我受益于隆德大学令人振奋的工作环境。在那里，我与支持我的同事们一起工作，感谢他们乐于进行引人入胜的讨论以及对我的帮助。我也很感谢所有学术论文的合著者，他们帮助我在不同的研究中开拓了思路。我想感谢 Henrik Wallström 参与了一个关于工业包装的研究项目，在该项目中，我们完善并实施了一个包装评价模型，该模型在第 8 章和第 9 章中有介绍。我还想感谢所有参与研究的公司和机构。我要特别感谢 Eileen Deaner 对本书英文版的校对，以及担任本书不同章节审稿人的研究人员，他们是 Carl Wänström、Erik Sandberg、Daniel Hellström 和 Klas Hjort。

作者简介

　　Henrik Pålsson 博士是隆德大学包装物流专业的副教授，主要从可持续发展的角度对广泛的物流和供应链管理课题进行研究。他领导了包装物流、电子商务和货物运输领域的多个长期研究项目。他的研究已经发表在《国际物流管理杂志》（*International Journal of Physical Distribution & Logistics Management*）、《国际物流杂志：研究与应用》（*International Journal of Logistics：Research and Applications*）、《包装技术与科学》（*Packaging Technology and Science*）、《清洁生产杂志》（*Journal of Cleaner Production*）以及其他经同行评议的国际出版物上。他与其他学者合著书籍、编写研究报告，并定期参与国际会议、研讨会和教育交流。在隆德大学，他负责包装物流的硕士课程和博士教育计划，拥有丰富的包装物流国际教学经验。在 2004 年进入学术界之前，他在工业界从事物流管理工作。

目　录

1 包装物流的定义

包装具有重要的战略意义，对供应链的物流绩效有重大影响。明智的包装决策可以降低供应链成本，减少对环境的影响，并能提高包装产品的价值。本书阐述了包装物流相关内容，讨论了包装的战略作用及其运营的重要性，介绍了包装相关概念和框架，并为包装物流提供了有用的决策支持。

目前的研究强调，在整个供应链中，获得成本效益高且对环境影响小的包装系统的关键是应用系统方法和供应链集成的相关理论。要平衡包装要求，就必须关注包装的多种功能（如保护、容纳、分配、单元化、传递信息和提供便利）之间的相互作用。

包装物流基于大量描述性、解释性和探索性的研究，这是一个新兴的研究领域，也是业界关注的一个快速增长的领域。本书是作者在当前研究的基础上综合各种研究结果及阐释包装物流的理论基础创作而成的。本书将综合研究结果与作者见解相结合，为本书所探讨的新观点和框架的发展奠定了基础。

本书的内容大纲如下。在本章对包装物流作出定义后，接下来的三章内容从不同角度强调其在供应链中的整体表现。第 2 章关注供应链中的包装性能，第 3 章提供了包装性能的实践方法，第 4 章关注包装物流对整体环境的影响。此后，第 5 章和第 6 章研究了包装废弃物的不同管理考

虑以及包装系统的信息和通信技术（ICT）特征。第 7 章介绍了可重复使用的包装系统的特点，第 8 章和第 9 章则讨论并说明了如何评价工业包装对供应链的影响，以及其如何能产生决策支持。第 10 章和第 11 章涉及组织视角，侧重于包装开发组织和包装创新能力。这些视角对包装物流非常有用，因为一个组织的组织方式决定了其将各种需求整合到包装系统解决方案中的能力，其包装创新能力会影响其以新颖方式应对包装物流挑战的潜力。本书最后两章讨论了如何在两个具有特定特征的背景下管理包装物流。第一个背景在第 12 章中，是快速发展的电子商务领域，其中的一些背景因素与传统贸易有着本质的区别。第二个背景在第 13 章中，是发展中国家，这些国家展现出与迄今为止的研究中所考察国家许多不同的特点。

1.1　包装物流的定义

为了定义包装物流，我们必须首先定义包装和包装系统的层级，其次定义物流，再次讨论包装和物流之间的相互作用，最后得出包装物流的准确定义。

Paine 于 1981 年给包装下了一个广为业界公认的定义，即：

●为货物的运输、分销、储存、零售和最终使用做好准备的协调系统；

●确保以最低成本（和最小环境影响）将货物安全、完好地交付给最终消费者的手段；

●一种技术经济功能，旨在最大限度地降低运输成本，同时最大限度地提高销售额。

包装可以被视为一个系统，有三个相互关联的包装层级（见图 1-1）。初级包装最接近产品，它通常是消费包装或销售包装。二级包装包含一定

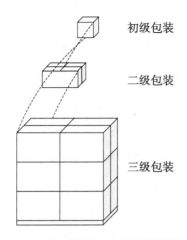

初级包装

二级包装

三级包装

图 1 - 1　包装系统的三个相互关联的层级

数量的初级包装。三级包装，如托盘或卷筒容器，包含若干个二级包装。

　　包装系统应具备 6 种基本功能（Livingstone and Sparks，1994；Lockamy Ⅲ，1995；Robertson，1990）：

- 保护：保障内容物的安全。

- 容纳：保存和维护内容物。

- 分配：将大规模和大批量的产品减少到易管控的规模。

- 单元化：将包装层级模块化，以提高物料处理和运输效率（如将一些初级包装单元装入二级包装单元，将一些二级包装单元装入三级包装单元）。

- 传递信息：识别供应链中的包装并提供产品信息。

- 提供便利：简化产品的使用。

　　在整个生命周期中，包装可能会受到振动、温度变化、压力和冲击的影响。保护意味着保护产品或内容物免受这些作用的影响。容纳是一个相关的功能，它能保存内容物并防止它们与外部环境发生作用。在供应链中的物料处理和运输过程中，包装应该有足够的强度来容纳产品或内容物。它还应避免产品的泄漏、扩散和渗透，内容物应保持其特性直

至被使用。

食品的包装保护和密封包含三种风险：物理风险、微生物风险和化学风险。物理风险来自外来物质，如玻璃、金属和塑料。微生物风险来自细菌、病毒和真菌等。化学风险来自过量的防腐剂、杀虫剂等。

为了获得规模经济，产品的产量往往都很大。为了将这种大规模、大批量的生产转化为易于管理的规模，包装就被用来分配产品。一个例子是分配果汁，大罐中的果汁被分装到33厘升的瓶子和1升的果汁盒中。另一个例子是分配菠菜，菠菜以比过去更小的包装出售，这意味着菠菜被冷冻保存时，消费者可以解冻更少量。这就减少了食物浪费，因为菠菜不能被反复冷冻。

单元化有利于物流和物料处理。通过包装层级的模块化，一些不同的初级包装可以组合在一起以装配进二级包装，而一些不同类型的二级包装可以组合在一起以装配进三级包装。这样一来，所处理的包装单元的总数量最小化。例如，在分拣过程中，只需要搬运一个包含几个初级包装单元的二级包装单元，而在装卸运输过程中，只需要搬运一个带有几个二级包装单元的托盘。单元化还有助于在仓库中将产品从一个专用的托盘重新包装成一个混合托盘，因为仓库中通常需要拣选二级包装单元而不是单个的初级包装单元。

从两个角度看，包装具有传递信息的功能。第一，它是在整个供应链中通过标签提供物流追踪数据的关键。在制造过程中带有条码、射频识别（RFID）或其他识别技术的标签，可用于确定包装产品在仓库、港口、运输、零售店等环节的位置、时间、温度等相关信息。第二，包装系统还向消费者传递信息。它帮助消费者通过品牌、设计、形状和标签来识别产品，并提供产品信息，如营养成分和产品的生产过程。

应简化包装及其内部产品使用，从而为用户带来便利。这包括确保在整个供应链中，包装单元易于打开、关闭、搬运和处理，例如，简化消费者操作的把手、分配盖、分量指示器和盛装食物的碗。

除了这6种基本功能，包装还影响供应链中的物流和环境效率，因为它与物料处理设备、信息系统、人工处理、运输和废弃物管理相互作用。从物流的角度来看，包装影响并受制于包括物料处理、储存、运输和废弃物处理在内的每一项物流活动（Ballou，2004；Bowersox et al.，2002）。例如，包装的形状和尺寸会影响运输中的空间利用效率；物料的选择会影响废弃物管理和回收；包装的防护程度会影响供应链中的产品废弃物数量。

现在，我们已经了解了包装的定义，让我们再了解一下物流的定义，从而完整理解包装物流的定义。

根据美国供应链管理专业协会的定义，物流管理是供应链管理（SCM）的一部分，它以满足客户的需求为目的，计划、执行和控制原产地和消费地之间的货物、服务以及相关信息进行高效的正逆向流动和储存（CSCMP，2018）。

通过结合包装和物流这两个定义，包装明显会影响从填装地到消费地的每项物流活动。因此，在本书中，"包装物流"一词强调了整个供应链中包装和物流之间的衔接，这表明并支持了将货物的实体流及其相关信息流视为一个综合系统的重要性。

本节开头就定义了包装系统的三个通用层级（初级、二级、三级）。目前的文献和实践也使用了其他名称，表1-1对这些名称进行了总结。应特别注意消费包装和工业包装之间的差异。消费包装包括营销方面，并应考虑与消费者有关的任何立法要求，而工业包装则侧重于其他包装功能，如提高物流效率。

表 1 – 1 不同包装类型的定义

包装类型和定义
初级包装、消费包装、销售包装 与产品接触的包装，也是消费者通常带回家的包装
二级包装 包含一定数量的初级包装
三级包装 包含一定数量的二级包装
运输包装、工业包装、分销包装、散装包装 为便于搬运、运输和储存一些初级包装而设计的包装，以提供高效的生产和分销，并防止产品在运输过程中由于物理搬运造成的损坏
分组包装 为便于保护、展示、搬运和/或运输一些初级包装而设计的包装
展示包装 与分组包装相同，通常强调展示功能
易上架包装 与分组包装相同，特别强调设计，以适应零售店
已使用的包装 取出所装产品后剩余的包装或包装材料

　　每种包装类型的定义都强调了其主要特征。然而，为了了解易上架包装（SRP）的特点，还需要提供其他信息。SRP 是指以待售商品单元的形式交付给零售商的包装。它可以直接放在货架上，而无须重新包装或拆开包装（除了拆掉外层的塑料薄膜或穿孔纸板）。SRP 可以由货架上的托盘、地面上的商品单元（通常用于促销展示）和可重复使用的塑料托盘组成。SRP 的功能要求是应易于识别、打开、补充、处置和购买（ECR Europe，2007）。

　　SRP 有一系列的功能要求。产品应通过包装可见，产品信息应清晰显示，标签应易于获取。品牌应该面向客户，物流数据则非如此。SRP 应有简单的说明，最好使用图片而不是文字，以避免语言交流上的障碍。

包装的质量和外观应在开封后保持不变。为了便于补货，SRP 必须稳定，在去除不需要的包装材料后，初级包装应处于正确的位置。另外类似的要求是，初级包装应易于拣选，在被拣选后不会对 SRP 或初级包装产生负面影响。

1.2 包装系统的级别

如上所述，包装应该被描述为具有三个相互作用的包装级别的系统。这强调了包装系统的性能取决于每个单独包装级别的性能。这些级别之间的相互作用及其与产品之间的相互作用如图 1-2 所示。例如，在每个包装级别，应能够识别产品，而无须考虑中间包装级别：如二级包装和三级包装上都应标示温度要求。另外，产品可能降低所需包装的强度：紧密包装的发动机组可以支持堆叠性，因为产品本身很坚固，因此只需要少量的包装。表 1-2 中描述了包装系统 6 种基本功能的常见相互作用。

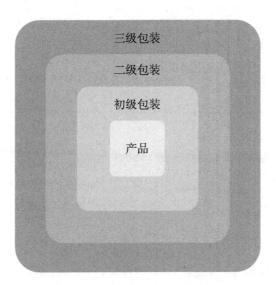

图 1-2 包装产品的包装系统图示

表 1-2　　　　　　　　　　包装系统 6 种基本功能的常见相互作用

包装功能	相互作用	实例
保护	每个包装层和产品相互作用，以实现对整个包装系统的保护	坚固的产品可以最大限度地减少对包装强度的需求，而压敏型产品可能需要额外的包装。额外的二级包装可以减少对三级包装的需求，反之亦然
容纳	为了防止内容物与外部环境相互影响，要考虑对包装系统各层的联合控制	若初级包装在置于次级包装中进行搬运时，仍能充分容纳产品，则无需增添额外支撑。但如果使用次级包装时所处的外部环境相较于搬运单个初级包装时更为复杂，则应在二级包装中增加额外支撑
分配	在供应链中，各包装层级的使用都应具备可操作性。初级包装的尺寸应符合消费者需求，而二级包装则应便于在配送中心进行重新包装以及在商店进行补货等操作。每增加一个初级包装单元，都会给二级包装增加独立的重量与体积。因此，各包装层级的分配（重量与体积）彼此之间相互影响	面向家庭销售 2 升装的冰淇淋包装，原因在于其便于拿取且保质期较长。为提高效率，在配送中心和补货环节，6 个大包装（共 12 升）会置于一个二级包装单元中进行处理，而该重量恰好略低于人体工学操作所允许的最大重量。对于 2.5 升装的包装，一个二级包装单元中仅能容纳 4 包（共 10 升），这会需要更多的搬运工作
单元化	初级包装单元的数量应与二级包装单元相适应，而二级包装单元的数量应与三级包装单元相适应	20 个底面为正方形（边长 74 毫米）的牛奶包装可置于一个二级包装（300×400）单元中。其中 8 个这样的二级包装单元可置于一个欧洲标准托盘上。可在仓库中搬运二级包装单元，以使用混合托盘
传递信息	每一级包装的标签都应将产品及其需求告知供应链参与者。二级包装应与初级包装相连，三级包装应与二级包装相连	扫描三级包装时应显示产品信息及三级包装内二级包装的数量

续　表

包装功能	相互作用	实例
提供便利	便利性主要与消费者相关，他们主要接触的是初级包装，偶尔会接触到二级包装。包装之间的相互作用主要与多件装相关，其中二级包装的承重能力可免去初级包装对承重能力的需求	瓶装饮料通常多包装出售（如 6 个、10 个或 24 个），并配有把手，便于携带

包装影响着从填装地到消费地的整个供应链。图 1 - 3 展示了一条包装产品的基本且简化的供应链，其中突出了最少的工艺环节。每个环节都涉及特定的包装要求，如适配物流设备、可堆叠性、防护性、最大重量、标签标识以及传递信息等。在各环节之间，包装需满足体积和重量效率的运输要求，同时还要适配其他包装以实现混装。

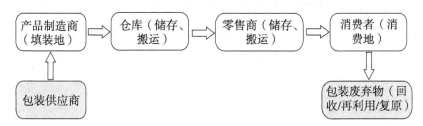

图 1 - 3　一条包装产品的基本且简化的供应链

图 1 - 4 进一步描述了每个阶段的包装系统。包装系统在制造商处完成，然后运输到仓库，在拣选过程中被更改，如 A^1 所示。该修改后的包装系统被运输到零售商，其在零售商处可被再次更改或保持不变，如 A^2 所示。为了满足和匹配来自供应链中不同参与者的所有包装要求（见图 1 - 3）以及包装系统中各层包装的相互作用和变化（见图 1 - 4），需要应用系统方法。

1.3　包装物流的系统方法

系统是指一组相互协作以形成统一整体的独立部分。任何企业、组

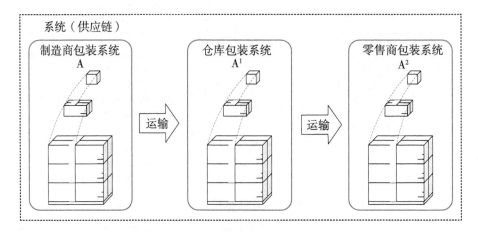

图 1-4　一条简化包装产品的供应链

织或供应链均可作为系统进行研究。此方法是将现象或相关部分作为一个整体而非独立单元来考察。系统的一个基本特征在于，整体未必等于各部分之和，因为各部分相互连接以构成整体。该方法的一个基本特征是关注各部分之间的相互作用。因此，"单个自主元素的行为与该元素与其他元素相互作用时的行为不同"（Mele et al.，2010）。

系统另一个基本特征是其具有清晰的系统边界。然而，系统可以是更大系统的一部分，或与其他系统重叠。例如，包装系统可以是供应链（一个更大系统）的一部分。在这种情况下，包装系统可视为子系统。还有·个基本特征是开放系统与封闭系统的区别。在开放系统（见图 1-5）中，需要考虑与周围环境的交换，而在封闭系统中则不存在这种交换。例如，闭环中的可重复使用包装系统可视为封闭系统，而供应链中从填装地到销售地的单向包装系统则是开放系统。

系统方法有助于我们理解各部分如何在更大的系统中相互影响。它通过将问题和挑战视为整体系统的一部分而非仅对特定部分或结果做出反应来促进问题解决，并通过关注系统的主要目的来帮助避免次优化。通过将系统作为一个整体进行考察，可以更容易理解各部分如何为整体目标做出贡献。系统方法的关键特征在于，它有助于确定系统中各部分

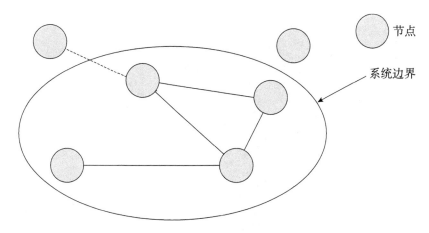

图 1 – 5　一个具有节点和链接的主开放系统

之间的权衡和相互作用。

权衡和相互作用对于理解包装物流至关重要。例如，在包装上添加穿孔可以增加消费者的便利性，但这也可能降低包装在仓库和运输过程中的堆叠能力。因此，在消费者便利性和供应链效率之间存在权衡。在相互作用方面，包装系统在整个供应链中与物流设备相互作用。例如，输送带的设计需考虑特定包装尺寸，这在最终包装的选择中必须予以考虑。

当应用系统方法研究系统中各部分如何相互影响时，一个有效的技术是反复进行放大和缩小。放大是指放大系统的某一部分以提供该部分的详细视图，而缩小则显示各部分与系统的联系及其对系统的整体影响（图 1 – 7）。通过不断在放大和缩小之间切换，可以识别对某一部分的修改对整个系统的影响，从而避免次优化。第 3 章描述了如何在包装性能方法论的分析阶段应用放大和缩小的理念。

简而言之，包装物流中的系统方法使我们能够全面了解包装的多种作用。这有助于我们分析和平衡包装系统要求和权衡，并突出相互作用。通过平衡这些要求，系统方法使我们能够关注包装系统的总体要求。权衡和相互作用存在于包装系统（初级、二级、三级）内部、功能领域

图1-6　通过放大和缩小来研究系统中的放大程度

（物流、营销、环境等）之间以及供应链参与者之间。由于系统方法有助于以结构化的方式平衡要求，因此也有助于将这些信息传达给功能领域和整个供应链的参与者。

1.4　供应链集成在包装物流中的作用

除了系统方法，供应链集成也是包装物流的一个关键概念。这个术语指的是协调和整合供应链的各个部分，使之成为一个有凝聚力的整体。集成的程度取决于"各方在多大程度上以合作为前提共同努力以达到相互能够接受的结果"（O'Leary-Kelly & Flores，2002）。供应链集成的基本逻辑是同步所有流程和活动，重点是最终客户的报价。供应链集成旨在优化流程而不是活动，以此平衡整个供应链的成本和服务。

要集成的流是物理流或信息流，包装在这两方面都起着至关重要的作用。在物理流中，包装影响着从填装地到消费地的物流。这包括许多参与者对包装功能需求的同步。在信息流中，包装是贯穿整个供应链的信息载体，既包含具有追踪功能的物流数据，又包含产品信息。包装应能通过识别技术和标签与所有参与者进行交流。因此，应设计或选择可以促进物理流和信息流集成的包装系统。

供应链中的集成可以采取不同的形式。图1-7显示了两种基本的集成类型：纵向集成和横向集成。纵向集成是指与供应商和客户的集成。基于某一个公司，这也可以分为后向集成和前向集成。横向集成是指竞争对手之间的集成。还有两类是内部集成和外部集成：内部集成指的是公司内各职能部门之间的集成，外部集成指的是公司之间的集成，其区别不如纵向集成和横向集成那么明显。包装会影响每种类型的集成。表1-3给出了一些例子。

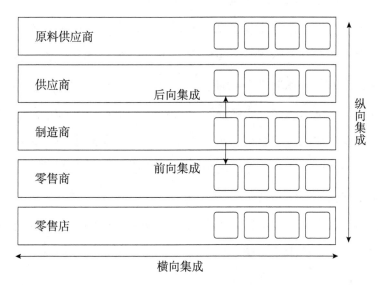

图1-7 不同类型集成的图示

表1-3 不同类型集成的包装示例

集成类型	描述	包装集成示例
纵向集成	供应商和客户之间	结合不同公司对搬运、堆放和传递信息等方面的包装要求
横向集成	竞争对手之间	一个行业内模块化包装，以便共同装载

续　表

集成类型	描述	包装集成示例
内部集成	公司内各职能部门之间	市场和物流对包装的要求 同时进行产品和包装设计
外部集成	公司之间	参见纵向集成和横向集成
后向集成	供应链上游	参见纵向集成
前向集成	供应链下游	参见纵向集成

　　供应链集成的水平可以描述为四个渐进的阶段（Stevens，1989）。在第一阶段，公司是由功能驱动的，没有集成。此时包装通常被视为一种商品，其重点在于最大限度地降低采购成本。

　　在第二阶段，企业实现了功能集成，这意味着与特定功能（如物流管理或生产制造）相关的组织单位被集成在一起。然而，处于这一阶段的企业仍然拥有分散的业务功能，这些功能通常以库存为划分依据。在包装方面，重点依然放在成本控制上，但包装活动在组织内部的"归属"和位置可能会对此产生影响。例如，如果包装活动隶属于内部物流部门，那么包装的重点往往在于满足内部物料搬运需求；如果隶属于营销部门，那么重点则往往在于商品化。

　　在第三阶段，公司进行内部集成，从采购到分销的货物流都是可见的。在这里，公司倾向于关注内部效率，这意味着要在内部包装要求之间作出权衡。

　　在第四阶段，公司进行外部集成，重点是有效性，以确保做正确的事情。外部集成是以客户为导向而不是以产品为导向，注重与供应商的合作，而不是价格谈判。在此，可以根据供应链要求之间的知情权衡做出包装决策。这取决于供应链中的可见性、透明度和协作。为了能够做出这些类型的决策，包装选择的方法和工具必须支持这种方法。

　　包装集成方法面临的其他挑战是职能部门或其他企业中相互冲突的

目标和态度。选择包装的集成方法也意味着权衡，其中一个组织可能受益，而另一个组织可能存在内部劣势。因此，供应链内的成本和效益分配对于采取可持续的集成方法而言至关重要，但这也往往是一个挑战。此外，集成需要信息共享，这也带来了一些挑战。特别是，公司往往有不同的 IT 系统，并不总是兼容的。信息共享的成本可能很高，而且组织看到了通过共享信息而失去竞争优势的风险。其他问题与拥有庞大的供应商基础或客户的复杂性有关。那么就需要制定一个战略，以确定如何从大多数组织中获取、构建和优先考虑包装需求。最后，物理流中可能存在集成的物理障碍。例如，一家公司可能由于其设备的限制而无法处理某些包裹。

系统方法和供应链集成对于包装物流而言至关重要。两者的逻辑和特点既有相似之处，又相互补充。两者都强调整体视角，以避免次优化，并协调和同步系统或供应链中的需求和环节。系统方法在定义系统边界时具有灵活性，可以包含子系统，例如，包装系统可以视为供应链中的一个子系统，而供应链则可被视为主系统。相比之下，供应链整合的边界则与所涉及的组织相关。对于包装物流而言，系统方法提供了一种系统性的方式，从整体角度解决包装系统在供应链中的复杂交互作用，而供应链整合则为整合供应链中与包装相关的活动和参与者提供了思路和理论支持。

1.5　小结

本章指出包装在供应链中具有重要的战略意义，对物流绩效有着重要的影响。有关包装的明智决策可以降低供应链成本以及对环境的影响，并增加包装产品的价值。包装应被视为一个系统，有三个相互关联的包装级别：初级、二级和三级。本章描述了这些包装级别的补充术语。包装的基本功能是保护、容纳、分配、单元化、传递信息和提供便利。传递信息功能是在整个供应链中通过标签提供物流追踪和追溯数据以及与消费者联系的关键。这 6 种功能应与促进供应链中物流和环境效率的功能相结合，因为包装与物料处理设备、信息系统、人工处理、运输方式和废弃物管理相互作用。

本章还通过定义和讨论包装与物流，详细阐述了包装物流。本章强调，供应链中包装系统的性能取决于每个单独的包装级别的性能、各包装级别之间的相互作用，以及它们与产品的相互作用。

需要强调的是，系统方法和供应链集成对包装物流而言至关重要。两者的逻辑和特点既相似又互补。两者都强调整体视角以避免次优化，并协调和同步系统或供应链中的需求和环节。系统方法有助于理解和分析包装系统的性能，因为它有助于理解各部分如何在内部相互影响，从而呈现出包装的多种角色的整体情况。系统方法还助于识别和考虑包装物流中的权衡和相互作用。

为了在实践中应用系统方法，并了解系统中各部分如何相互影响，一个有效的技术是反复进行放大和缩小。供应链集成涉及协调和整合供应链的各个部分，使之成为一个有凝聚力的整体。包装在物理流和信息流的集成中起着至关重要的作用。在物理流中，包装影响着从填装地到消费地的每一个物流活动。在信息流中，包装是整个供应链的信息载体，包含具有追踪功能的物流数据和产品信息。集成可以是纵向的、横向的、内部的、外部的、后向的和前向的。本章介绍了包装的一些例子，以说明其在这些不同类型集成中的作用。

2 供应链中的包装性能

本章强调并讨论了包装在整个供应链中为物流增值的作用。一个关键的论点是应用供应链整体观点，从而在各种包装要求之间做出明智的权衡。本章还讨论了标准化和包装延迟，以及它们对包装性能的影响。

2.1 包装是价值创造者和成本效益的推动者

传统上，包装通常被视为产生废弃物的"必要之恶"。然而，研究和实践表明，包装具有战略重要性，并对供应链绩效产生重大影响。包装的供应链方法可以通过减少产品浪费与提高物流效率来创造价值并实现成本效益。包装通过使用图形和其他设计特征吸引客户以及通过提供便利（诸如便于包装产品的搬运）来产生销售价值。包装可以通过保护产品免受物理和化学、温度变化的影响和昆虫破坏等来减少产品浪费，还可以根据利益相关者的需求分配产品，从而减少供应链和消费阶段的产品浪费。包装上提供的相关追踪溯源数据以及产品处理和消费指南，通过加强控制、减少错误和防范盗窃，有效减少了产品浪费现象。当涉及物流效率时，包装影响仓库和运输利用率以及生产和处理效率。第 4 章将更详细地讨论如何减少产品浪费以及包装对物流效率的影响。

为了最大限度地创造价值和提高包装的总成本效益，需要一个整体的方法来开发和选择包装系统，其中系统边界包括整个供应链。供应链的整体方法强调了管理供应链中各参与者对包装需求之间权衡的必要性。

2.2 包装供应链绩效评价的关键问题

在评价包装系统的供应链绩效时，必须在各种包装特征之间做出权衡。理想情况下，包装应满足各个领域的要求，如物流（包括仓储、搬运和分销）、营销、生产、采购和消费者。包装还应具有最小的环境影响并满足法律要求。然而，这些不同的要求可能是冲突的。例如，参与者通常对包装的保护功能、分配功能以及追踪功能有特定要求，但制造业通常强调填装效率和低包装成本。仓库的主要要求可能是有效仓库操作的可堆叠性和可操作性。另外，运输可能侧重于可操作性以及体积和重量效率。零售商可能会强调推广属性、产品信息和可操作性，以便补货。消费者通常喜欢包装的便利性和分配功能。市场对包装尺寸的要求可能与物流中高效包装的要求相冲突。这些例子说明了评价包装系统供应链绩效的复杂性，以及不同的参与者在包装功能之间作出明智权衡的必要性。为了解决这些潜在的冲突，包装系统的设计需要解决许多权衡问题。

包装系统中的利弊权衡取决于两种相互冲突的要求：来自与经济和环境影响相关的各个领域（如物流、营销、生产、采购和消费者）的信息，或来自供应链中不同参与者和其他利益相关者的信息。这些不同的要求可能重叠或相互矛盾。例如，制造商的目标可能是采购低价包装材料，而零售商则喜欢更贵的包装以促进销售。同时，供应链不同参与者对相同的包装特征可能有不同的要求：制造商更喜欢某些尺寸便于内部物料处理，而分销中心需要不同的尺寸便于物料处理。表 2－1 列出了常见的包装系统权衡示例。

表 2 – 1　　　　　　　　　常见的包装系统权衡示例

包装系统	物流	营销	生产	采购	消费者
包装尺寸	体积效率 易于操作	可见性（有时大的更好）	体积效率 易于操作	单元化	便利性
包装标签（物流信息）	可识别性	图形简洁，标签少	可识别性	—	图形简洁，标签少
包装材料	重量轻，但保护得当	促进销售	重量轻，但保护得当 搬运时避免灰尘	—	可以回收
包装成本	妥善保护	促进销售	特定环境	低价	特定环境
标准化	中等数量的替代方案 搬运效率 可堆叠性 运输效率 共同装载	以独特的包装为目标——有多种选择	中等数量的替代方案 搬运效率 空间利用率	几乎没有其他选择	特定环境

在表 2 – 1 中，包装尺寸是指包装的维度。在物流和生产中，重点是立方（体积）利用率，并确保包装系统易于处理，而营销往往侧重于可见性，有时等同于大型包装。从采购的角度来看，包装的尺寸应与其他包装单位统一，以实现规模经济，而消费者通常侧重于方便的包装尺寸。包装标签应使物流和生产部门便于识别包装产品，这样可以减少发货延迟和货物丢失，并减少仓库中的订单履行时间。然而，营销和消费者通常更喜欢物流信息标签少的包装。标准化可以以各种方式提高物流效率，如装卸效率，并促进可堆叠性，但它可能对销售产生负面影响，可能需要独特的替代方案（关于标准化的更多讨论见下一节）。这里的权衡例子只是一些潜在的例子，更多的权衡将在整本书中进行强调。

2.3 标准化

标准化可以提高供应链的效率，但也可能导致"锁定"。例如，标准化的包装分类可以完美地适合当前的产品、车辆和物料处理设备。然而，如果产品分类或供应链的特征发生变化，那么随着时间的推移，就可能导致搬运和车辆利用效率低下。投资新的包装品种可能成本太高了。因此，锁定效应的风险应包含在标准化的决策中。

国际标准化组织（ISO）指出，标准化应降低复杂性，保护大多数人的利益，针对选定的活动，随着时间的推移而持续，但在需要时应接受审查和更改（Min et al.，2014）。物流标准化的主要目的是通过消除浪费、重复工作和冗余活动来提高效率。低水平的物流和包装标准化往往导致更高的物流成本。受包装影响的物流标准化可分为四个领域：包装（如尺寸和材料）、运输、物料处理（储存和装卸）以及信息和通信技术（ICT）（Min et al.，2014）。

包装标准化主要涉及包装及装载器具（如托盘和集装箱）的尺寸标准化，此举旨在最大化运输工具（如卡车、火车和飞机）的空间利用率，促进单元化包装的协同装载，并简化物料处理流程。同时，标准化的包装还能推动组织内外实物流转的整合。在欧洲，1200 毫米 × 800 毫米的欧洲标准托盘就是标准化承载工具的范例，可提供上述诸多便利。其他常见的 ISO 国际标准托盘如表 2 - 2 所示。例如，国际航运中 20 英尺（1 英尺 = 0.3048 米）和 40 英尺的集装箱。还有一种包装标准化与包装材料有关。这样的标准可以描述使用哪些材料并提供材料质量指南。包装标准化也可以指重量限制，以确保包装处理符合人体工程学，且不超过物流设备的重量限制。最后，包装的标准化可以包括包装废弃物的回收准则，以实现高效回收。

表 2 - 2   ISO 国际标准托盘

外形尺寸（毫米）	描述
1200 × 800	欧洲标准托盘
1200 × 1000	德国和荷兰的标准托盘（对欧洲标准托盘的补充）
1140 × 1140	适合海运的集装箱
1100 × 1100	常见于远东地区
1219 × 1016	美国标准托盘

运输标准化是指货运集装箱和轨道车辆的尺寸规格与单元负载相匹配，旨在优化车辆大小与包装系统之间的匹配性，从而容纳尽可能多的包装产品。例如，在欧盟成员国内，一般使用用于卡车的模块化系统。对尺寸和重量的限制于 20 世纪 70 年代开始趋于统一。目前，欧盟的限制是 18.75 米长、2.55 米宽、4 米高和 40 吨重。一些国家，如瑞典和芬兰，对国内交通有例外规定。通过使用这些标准化的尺寸，可以更容易地进行国际运输。使用模块化车辆可以在农村和城市之间进行灵活运输，而无须卸载和重新装载包裹。

物料搬运标准化包括仓储标准化和设备标准化。后者是指统一的物料处理设备，如自动化立体库、货架、输送带和叉车。这有助于有效且高效的物料处理操作，包括整个供应链的装载和卸载。为了实现高效，物料处理的标准化应与包装的标准化保持一致。例如，如果可重复使用的包装通过输送带实现自动化处理，则该包装的尺寸与重量限制、物流信息标签等都将在此类物料搬运设备中发挥作用。另一实例为叉车需适配托盘，以便将货叉间距设计为可举起欧洲标准托盘（若这些为待搬运的主要包装系统）。物料搬运标准化中的仓储方面也旨在通过统一仓储设备来最大化仓储面积。这有助于实现混合且灵活的仓储点。

ICT 标准化可以帮助供应链中的参与者整合物流信息系统，而物流信息系统反过来又可以帮助协调实物材料和交付流程。包装在从 ICT 中获得物流效率方面发挥着关键作用（见第6章）。供应链中的公司可以作为一个单元访问有关包装系统、车辆位置、装卸活动等的追踪数据。这需要实现识别技术（如条码和射频识别技术）的信息和通信技术（ICT）标准化，以及它们的通信链接（如电子数据交换）和ICT接口。同时，还需要具备在不干扰众多供应链中的公司的情况下整合信息能力的软件。

2.4 延迟包装

如表2-1所示，物流和营销之间存在着常见的权衡，这可能涉及例如包装尺寸或包装类型的数量。延迟包装是管理其中一些权衡的可能策略。正如Twede、Clarke和Tait（2000）所描述的，延迟包装对于全球分销产品的本地市场定制是有用的。

物流行业早已确立延迟行为。延迟行为将持续到出现更多信息或需要多样性的时候，可以使供应链的早期阶段更有效率。延迟可以通过延迟物流活动或制造和包装活动来实现。表2-3描述了三种延迟和一种预测，及其对包装的影响（Twede，Clarke and Tait，2000）。

表2-3　　　　　　　延迟和预测策略对包装的影响

策略	说明	对包装的影响
全面延迟	制造和物流方面的延迟	散装运输 定制包装与包装生产效率和库存成本
延迟制造	延迟制造；物流预测	散装运输 定制包装与包装生产效率和库存成本
物流延迟	制造预测；物流延迟	包装分类的标准化尺寸与体积和重量效率 包装坚固，能够满足搬运和堆叠要求
全面预测	制造和物流方面的预测	大容量包装 多语种标签

资料来源：Pagh 和 Cooper，1998。

全面延迟策略强调的是将生产流程的最终阶段、物流作业及包装过程都延迟至客户订单确认之后执行。具体而言，半成品将被集中存放于中央仓库，直至接到订单后，方进行个性化定制、精心包装及发货。以欧洲市场的标准化白色 T 恤为例，该策略允许企业在接收订单前，预先完成生产并集中存储。一旦订单确认，随即进行 T 恤的染色处理，并整合个性化配件与定制包装，如专属标签、特定国家的使用指南等。

延迟制造在一定程度上结合了生产预测与规模经济效应。在此策略下，标准化的半成品将被大规模生产并批量运送到靠近目标市场的仓库中。当接收到客户订单或短期市场需求预测时，这些半成品将在仓库中完成最终的加工与包装，以满足特定订单或市场需求。延迟制造提高了运输效率、降低了过期风险，但增加了生产和包装成本。以下是延迟制造的三个例子。

（1）将未组装产品分销给消费者，旨在通过采用体积优化的包装来实现高效销售。此策略将组装流程延迟至供应链的最终消费者阶段，从而确保了整个供应链在运输和材料处理方面均能实现体积效率的最大化。在此过程中，包装发挥着至关重要的作用，它不仅需要促进体积效率、堆叠性和搬运性，还需提供详尽的组装指南信息。

（2）产品，如计算机，可以集中储存，并在收到订单后提供特定国家的包装。

（3）订单商品数量个性化定制：通过实施延迟定制包装策略，可根据实际订单中的商品数量进行精准定制包装，从而有效减少包装内的多余空间并避免使用不必要的填充材料。近年来，按需包装技术的飞速进步极大地推动了此类包装延迟策略的普及与应用。然而，应值得注意的是，尽管如此，包装生产在整体上仍然受益于规模经济效应。

物流延迟利用了生产预测和规模经济，物流活动会被推迟到下订单之时。这降低了库存的资本成本和过期风险，因为它可以在少数集中式仓库中维持较低水平的总安全库存，而不是像全面预测那样在几个分散的仓库中维持安全库存。然而，由于交付速度加快，运输成本增加，导致更多的零担运输（LTL）。为了支持物流延迟，包装应该具有标准化的尺寸和标签，以便自动分拣。包装通常在复杂的供应链和各种类型的供应链中处理，这意味着它们需要足够坚固，以承受搬运和堆叠要求。

全面预测是指专注于批量生产的规模经济。通常，成品的整车装运会被运输到靠近预期需求的仓库。全面预测意味着包装是标准化的，具有较大的容量。它通常服务于多个市场，因此需要多语种标签。全面预测的缺点是库存成本相对较高，有产品过期的风险。

本章强调了需要将一个整体供应链的方法应用于包装评价，以整合各种包装要求并做出明智的权衡。然而，为了解决这些权衡问题，首先需要确定它们，然后以结构化的方式进行评价和比较。在下一章中，我们将介绍一种实现这一目标的方法。

2.5　小结

本章强调了包装通过减少产品浪费和提高物流及运输效率，来创造价值、提高成本效率。包装通过吸引客户来创造销售价值。它通过使用图形和其他设计功能及提供便利来实现这一点。包装可以通过保护产品免受物理和化学、温度变化的影响和昆虫破坏等来减少产品浪费，可以根据利益相关者的需求分配产品，从而减少供应链和消费阶段的产品浪费，可以通过在包装上向消费者提供关于如何处理和消费产品的信息来减少产品浪费。此外，包装还可以通过使用追踪功能来减少浪费，该功能可以使产品更易被控制、使用中更不容易出错且失窃率更低。物流效率受到包装的影响，而包装反过来又影响仓库和运输利用率以及生产和处理效率。

　　本章主张有必要在供应链中应用整体观点，以强调各种包装要求之间的权衡。这使公司能够做出明智的决策。理想情况下，包装应满足物流、运输、营销、生产、采购和消费者的经济、环境和人体工程学要求，但这些要求可能会发生冲突。本章举例说明了常见的包装系统权衡，例如注重立方利用率以及包装系统在物流和生产中易于处理的事实。再比如，市场营销往往注重包装的可见性，这有时相当于大包装。

　　本章讨论了标准化和延迟包装及其对包装性能的影响。标准化应该降低复杂性，保护大多数人的利益，针对选定的活动，坚持一段时间，但在需要时可以进行审查和更改。受包装影响的物流标准化可分为四个领域：包装（如尺寸和材料）、运输、物料处理（储存、装卸）和 ICT。低水平的物流和包装标准化往往会导致更大的物流成本，但标准化也会产生锁定效应。

　　延迟包装是均衡化管理过程中的一个可选策略。包装的作用被描述为四种类型的延迟和预测策略：完全延迟、制造延迟、物流延迟和全面预测。延迟的基本思想是延迟活动或包装多样化，直到获得更多信息，以提高供应链早期阶段的效率。

3 包装性能的实践方法

包装性能的实践方法旨在评价包装系统的整体供应链绩效。根据评价，可以确定包装系统、单个包装特性和每个包装级别的性能，还可以在有关每个包装级别的包装特性之间的权衡方面做出有根据的决策，并识别包装系统的改进潜力。该方法采用四个步骤，从整体角度评价包装系统的性能，如图 3-1 所示。

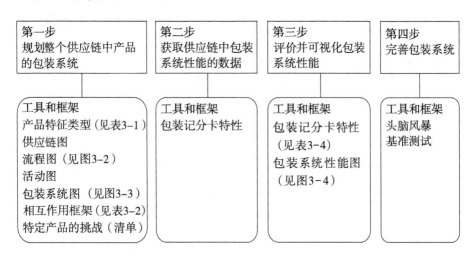

图 3-1　包装性能的实践方法中的步骤、支持工具和框架

包装性能的实践方法是由 Olsmats 和 Dominic（2003）提出的"包装记分卡"发展而来的。自 2004 年以来，包装记分卡已被进一步发展成为一种完整的方法，并在研究和教学中进行了微调。这里介绍的方法是基

于这些发展，包括包装系统和供应链的映射、包装系统评价和包装系统改进，并包括工具和框架，如图 3-1 所示。要评价的包装特性及其描述也已更新，以配合包装的许多作用。衡量包装特性的重要性和满意度的量表已改为五点李克特量表。

在包装性能的实践方法中，更新的包装记分卡（第二步和第三步）有助于以结构化的方式收集数据，测量供应链中包装系统的性能，评价和识别供应链中包装系统的改进区域，并可视化包装系统内和供应链中参与者之间性能不佳的包装特性。包装记分卡还可以用于估计包装系统中潜在变化的影响和权衡。

包装性能的实践方法最初是为了评价和改进当前的包装系统而开发的，但是，在一些假设下也可以用于为新产品选择包装系统。在这种情况下，有必要对要使用的供应链进行假设。这样的假设可以基于具有类似特性的现有包装产品。

包装性能的实践方法包括四个步骤：

（1）规划整个供应链中产品的包装系统。

（2）获取供应链中包装系统性能的数据。

（3）评价并可视化包装系统性能。

（4）完善包装系统。

每个步骤都提供了其目的、关键特性和挑战、有用的工具和分析，以及对实际应用的支持的指导。图 3-1 概述了包装性能的实践方法中的步骤、支持工具和框架。

3.1 第一步：规划整个供应链中产品的包装系统

第一步旨在了解包装系统、供应链特性和影响包装的产品特性。为此，应使用一些工具和考虑因素来规划产品特性、供应链、包装系统和

遇到的挑战。

1. 确定产品特性的类型及其对包装系统的影响

产品特性影响包装功能需要评价的程度。例如，产品价格至关重要，因为昂贵的产品可承受较高的包装价格而不影响总价格，而廉价产品可能受到严重影响。然而，如果一个昂贵的包装节省的费用多于它的成本（在损坏的产品、增加的销售或改进的处理效率方面），它仍然可能是一个比廉价包装更好的选择。一个脆弱的产品比一个坚固的产品需要更多的保护。对温度敏感的产品，如冰激凌，需要能够不受温度变化影响的包装（即不会受到冷或热的不利影响的包装）。另外，还应考虑品牌的特点，包装的品牌传播应与产品相匹配，无论是优质产品还是廉价产品。这些只是必须描述的产品特性示例，其他特性可参见表 3 - 1。在进行之前，应描述所有的产品特性及其对包装系统的影响。

表 3 - 1 产品特性类型

产品特性	对包装的影响（实例）
价格	包装、标签、包装保护的成本
易碎性	包装保护、搬运
温度敏感性	包装材料
品牌	传递信息
产品材料	包装类型、包装材料
内容物（液体、食品、危险品等）	容纳、密封
消费品或工业品	传递信息，提供便利
重量	统一，分配
体积	统一，分配
消费方式	分配
消费量	分配
产品的具体特点	取决于具体特性

2. 规划供应链

在规划产品特性及其对包装系统的影响之后，应规划包装产品的供应链，包括供应链中的参与者和活动。最好采用自上而下的方法来绘制，首先定义整体系统（供应链），然后添加更多的细节。参与者通常包括以下几种。

- 生产者；
- 运输供应商；
- 仓库；
- 配送中心；
- 零售店；
- 消费者（不总包含在分析中）。

每个供应链参与者的组合都是独特的：某些类型的参与者可能被排除在一个供应链之外，而另一个供应链可能包括不止一个参与者。每个参与者都参与包装系统中的一个或多个过程，例如，填装、拣选和补货。为了了解包装要求，需要对所有流程和活动进行规划。图 3-2 显示了供应链中涉及包装的常见流程。这种顶层的规划工作应该辅之以详细的活动计划。生产者的日常活动包括每个包装级别的填装、手动和自动处理、印刷、密封、贴标、码垛、拣选和装载。在配送中心，典型的活动是卸载和装载、验证、物料处理、储存、打开包装、拣选和重新包装。在零售店，常见的活动是收货、卸载、验证、储存、打开包装、拣选、补货、物料处理和废弃物处理。其中许多活动在每个参与者身上都会发生几次。建议采用以下方法来收集制图工作的数据：使用现有的流程和活动图；采访不同组织的工作人员以及进行观察。

值得注意的是，包装产品通常涉及多个供应链，并且多次涉及有许多变化的供应链网络。一个产品可能在一个或多个工厂制造，然后被送往一个或多个仓库和不同的零售店。在该方法中管理供应链网络，要从

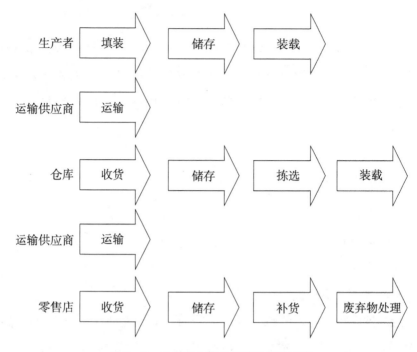

图 3 - 2　供应链中涉及包装的常见流程

一个生产工厂开始，并规划供应链网络图。这意味着要对从生产工厂到多个仓库的包装产品的分流进行顶层规划。从每一个仓库出发，物流可能去往几个零售店。在顶层规划之后，应该对每个专门的供应链进行详细规划，每个阶段有一个参与者。完成后，可以与并行流程中涉及的其他参与者讨论每个参与者的规划。例如，在规划了一个仓库执行过程中的活动之后，应与另一个仓库的工作人员讨论结果，并注意到差异。

3. 描述整个供应链中的包装系统

包装系统在供应链中常发生变更，例如，当整托盘货物被拆分至混合托盘时，或当零售店仅对初级包装进行补货而二级包装与三级包装沦为废弃物时。为涵盖这些变更，包装系统应在供应链的各个部分予以描述，如图 3 - 3 所示。此外，有必要了解包装系统的各个级别与不同的物流流程相互作用。表 3 - 2 中的框架有助于描述这些相互作用。

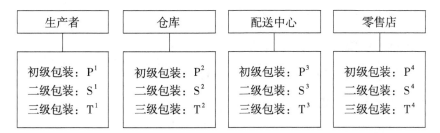

图 3 – 3 供应链中的包装系统示意

表 3 – 2   供应链中包装系统与物流流程的相互作用框架

参与者	流程	包装系统		
		初级	二级	三级
生产者	填装	·	·	
	储存			·
运输供应商	运输			·
仓库	收货			·
	储存			·
	拣选		·	·
	装载			·
运输供应商	运输			·
零售店	收货		·	·
	补货	·	·	·
	废弃物处理	·	·	·

资料来源：Hellström 和 Saghir，2007。

4. 列出供应链中包装产品面临的问题

最后，需要列出包装产品面临的具体问题并进行规划。这些问题包括以下内容。

- 失窃；

- 产品损坏；

- 包装破损；

- 交货期短；

- 成本敏感；

- 环境影响大；

- 产品特性（环保型、奢华型、低成本型等）；

- 天气条件（湿度、温度等）；

- 昆虫破坏；

- 生物危害；

- 废弃物处理兼容性。

至此完成了方法论的第一步。表3-3总结了包装性能方法论中第一步的规划工具。

表3-3　　　　　　　　包装性能方法论中第一步的规划工具

序号	规划区域	规划内容	工具
1	确定产品特性的类型及其对包装系统的影响	产品特性	产品特性类型（见表3-1）
2	规划供应链	参与者 流程和活动	供应链图 流程图（见图3-2） 活动图
3	描述整个供应链中的包装系统	包装系统 包装系统和物流流程之间的相互作用	供应链中的包装系统图（见图3-3） 相互作用框架（见表3-2）
4	规划供应链中包装产品面临的挑战	具体产品的挑战	上述清单（失窃、产品受损等）

3.2　第二步：获取供应链中包装系统性能的数据

第二步是关于使用包装记分卡的数据收集。包装记分卡包括4个方面的17个特性，如表3-4所示。这4个方面如下所述。

- 具有经济和环境影响的包装特性，最大限度地减少产品浪费；

- 提高物流效率；

- 具有增值作用；

- 尽量减少包装材料。

表 3 - 4　　　　　　　　　　包装记分卡的特性

范围	序号	特性	描述
产品浪费	PW1	保护和容纳	保护、保存和维护内容
	PW2	分配	易于管理的包装尺寸和充足的产品数量
物流效率	L1	单元化	包装级别的模块化
	L2	材料搬运	实现高效的材料搬运
	L3	可堆叠性	堆放有内容物的包装
	L4	体积和重量效率	利用体积和重量的能力
	L5	生产效率	在生产中实现高效的加工
	L6	追踪功能	采集数据并向供应链提供数据
	L7	逆向处理	便于逆向处理，例如堆放空包装
增值	V1	产品信息	提供产品信息
	V2	提供便利	简化产品使用
	V3	促销属性	推广和销售产品
包装材料	PM1	包装成本	包装的成本
	PM2	包装浪费	尽量减少包装废弃物
	PM3	有害物质	尽量减少包装中的有害物质
	PM4	安全性	保护产品不被盗窃
	PM5	打开包装	易于打开和拆除使用过的包装

资料来源：灵感来自 Olsmats 和 Dominic，2003。

　　应针对每个包装级别和供应链中的每个参与者评价这些特性的选择。包装记分卡包括与 6 种基本包装功能（保护、容纳、分配、单元化、传递信息和提供便利）相关的包装特性，以及许多其他特性，以捕捉包装在 4 个方面中的不同作用。传递信息的功能出现在两个包装特性中：产品信息（在增值中）和追踪功能（在物流效率中），使得产品信息和物

流信息都可以被采集和传递。分配（在产品浪费中）是指在整个包装系统中具有易于管理的包装尺寸和充足的产品数量。例如，三级包装中二级包装的数量应与拣选和补货的需要相匹配。

可通过在表3-4的顶部单元格（即"描述"右侧）中插入各参与者的名称，开发一个框架以选择应用于供应链中各种参与者的包装特性。然后，可针对第一参与者、第二参与者等，在每个参与者下方的列中标记出相关的每个包装特性（PW1、PW2、L1等）。

在确定每个参与者需评价的特性后，应确定这些特性在每个参与者的初级、二级和三级包装中的包含情况。表3-2中的相互作用框架显示了每个参与者应考虑的包装层级，通过将此框架与针对某一参与者所标记的包装特性相结合，可以确定每个参与者的若干包装记分卡（见表3-5）。在此过程中，应判断针对某一参与者所标记的每个包装特性是否与表3-2中的每个包装层级相关。例如，填装效率可能与初级包装和二级包装相关，但与三级包装无关。此过程的结果是每个参与者最多有三张包装记分卡。未处理特定包装层级的参与者（见表3-2）不需要该层级的包装记分卡；例如，通常仅处理二级包装和三级包装的仓库。

表3-5　　　　　　　　　　包装记分卡的基本原理

序号	特性	重要性（1~5）	满意度（1~5）
PW1	保护和容纳		
PW2	分配		
…			
PM5	打开包装		

这些包装记分卡对于数据收集而言至关重要，数据收集应评价每个包装特性对参与者的重要性和参与者的满意度。应通过对供应链中的工作人员进行结构化访谈、观察以及审查物流和包装性能数据来进行数据收集。基于数据收集，研究人员使用以下5点李克特量表对包装记分卡

中的包装特性进行评级。

重要性

1. 不重要；2. 较为重要；3. 中等重要；4. 重要；5. 非常重要。

满意度

1. 非常低；2. 低于平均水平；3. 平均水平；4. 高于平均水平；5. 非常高。

表 3 - 5 给出了包装记分卡的基本原理。评级是主观的，这意味着所有评级必须由同一研究人员或评估人员参与。

3.3 第三步：评价并可视化包装系统性能

第二步的结果是每个参与者已完成多个包装记分卡。在第三步中，对这些数据进行评价并将其可视化。首先，所有包装记分卡的"重要性"值应标准化（即调整到一个共同的尺度），以便于比较和计算。每个包装特性的相对重要性值应采用归一化法计算。如果评价者连续高估或低估包装特性，则相对值在一定程度上会排除误差。

通过将每个重要性值除以每个包装记分卡中所有值的总和来完成归一化。此后，可以计算每个供应链参与者的各个包装级别和整个包装系统的归一化平均包装性能。

为了计算一个包装级别（如初级包装）的归一化平均包装性能，可以用每个参与者对该包装级别的归一化平均包装性能之和除以参与者数量（与该包装级别互动的参与者）。该等式为：

归一化平均包装性能$_{包装级别x}$ = $\sum$归一化平均包装性能$_{包装级别x,参与者1至n}$$/n$

包装级别 x：初级、二级或三级包装

n：参与者数量

35

以类似的方式，可以计算参与者的归一化平均包装性能。该等式为：

归一化平均包装性能$_{参与者x}$ = $\sum$归一化平均包装性能$_{包装级别x,参与者x}$$/n$

参与者x：生产者、仓库等

包装级别x：初级、二级或三级包装

n：包装级别数量

这些计算现在可以用于进一步的分析和图表说明。首先，有必要分析最高和最低性能的包装级别处于供应链中的环节（见图 3 - 4）。包装级别的性能可以在类似的图中被可视化。

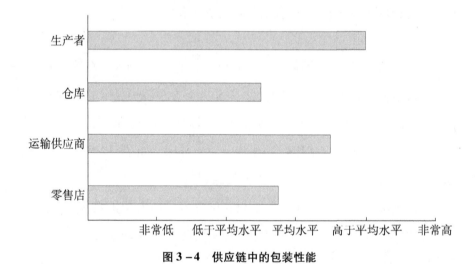

图 3 - 4　供应链中的包装性能

进一步的分析优先由图表支持。散点图显示了针对某一包装级别所确定的包装特性的"满意度与重要性"进行对比，说明了哪些特性需要改进（见图 3 - 5）。（关于包装记分卡特性的解释见表 3 - 4）最重要的是，图 3 - 5 中右下方的特性应该向右上角移动。然后，左下方的特性应尽可能向上移动。

评价的结构化方法可总结为 5 个阶段（Ⅰ—Ⅲ见图 3 - 6）：

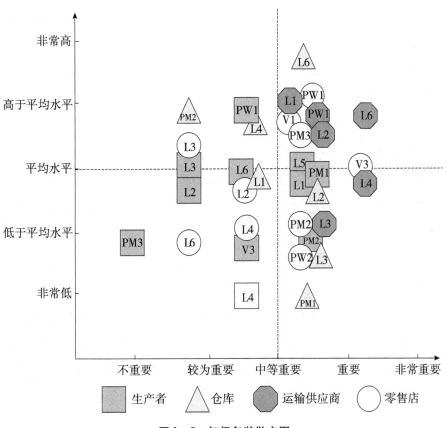

图3-5 初级包装散点图

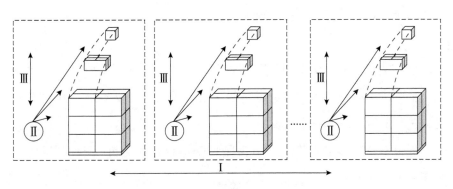

图3-6 评价阶段 I—III 的图示

I 每个参与者对整个包装系统都进行评价,以确定包装系统在供应链中性能最高和最低的环节(见图3-4)。

Ⅱ评价包装系统中每个级别的总体性能，以确定包装系统中哪些包装级别的性能最高、哪些最低（与图3-4类似的图）。

Ⅲ每个参与者对每个包装级别的性能都进行评价，以确定需要改进的关键包装特征（见图3-5）。

Ⅳ结合阶段Ⅰ—Ⅲ的评价，以确定和总结每个参与者和每个包装级别要求改进的关键包装特征，以实现令人满意的包装系统性能：①总体；②每个参与者；③各个包装级别。例如，这可能意味着初级包装的追踪功能以及二级包装的保护和容纳功能需要在制造商处改进，并且二级和三级包装的可堆叠性以及体积和重量效率需要在仓库处改进。

Ⅴ应用相互作用框架（见表3-2）来确定潜在的权衡，如果要改变给定的包装特征，应该考虑这些权衡。

包装性能的实践方法中第三步的结果是得到一份每个包装级别和有待改进方面的包装特征列表，以实现对总包装系统性能产生最积极的影响。对于每一个特征，相互作用框架显示了供应链中哪些潜在的权衡需要考虑。

3.4　第四步：完善包装系统

该方法的最后一步源自第三步的结果。根据已确定的需要改进的包装特征列表，应开发出改进的或新的包装系统。为了支持这一开发工作，可以进行头脑风暴和基准测试。

通过邀请众多组织代表参与头脑风暴会议，我们可以集思广益，发现不同的观点和建议，从而探索改进或创新的包装方案。同时我们还需要开展一项补充性工作，即将本包装系统与竞争对手同类产品的包装系统以及具有类似特性的其他包装产品进行基准对比。在完成这两项工作后，应确定三到五个改进的或新的包装系统方案，并考虑积极的包装特征和需要改进的列表。应该注意的是，修改后的包装系统可能只包括微小的变化，也可能是一个全新的设计。这取决于当前的包装性能。

在开发出这些新的潜在包装系统后，应选择其中一个方案进行比较性评价。这种评价应对变化的实际效果和物理效果进行评价。重要的是要将利弊都考虑在内，因为新的包装系统可能会改善某些包装功能，但也可能会损害其他功能。典型的评价包括以下内容。

（1）确定在体积和重量效率更高的包装系统中可以运输和处理多少产品。可将这一效率指标与车辆、物流设备等的单位产品成本结合起来进行估算。应计算相应的环境影响估计值。

（2）假设在多大程度上可以通过改进包装功能（如增加保护措施）来减少受损产品的数量。这应该与质量不合格的成本相结合。

（3）确定新包装系统中材料数量或类型变化的成本。

（4）确定分配、单元化和可堆叠性的变化对仓库的处理时间、装卸、补货等的影响。这应与每个时间单位的成本相结合。

一种补充方法是将改进或损害与方便理解的措施联系起来。例如，如果包装材料可以减少10%，那么将这一效果与包装材料对成本和环境影响的整体效果进行比较就是非常有用的。或者，如果一个新的包装系统能将物料处理时间减少一个小时，那么了解每年节省的时间和成本与总营业额的关系也是很有意义的。

在对三至五个备选方案进行比较时，还可以对每个方案进行包装记分卡评价。重要性数值与最初的包装系统相同。在这个最终评价中，实际的估计值支持了参与者对潜在新包装系统的满意度值。应选择性能最佳的包装系统，并通过定义和图表来详细描述每个包装级别。要为新包装系统提出有力的论据，就必须以事实为依据，或以动机明确的假设来推动变革。对新包装系统的描述还需要考虑整个包装系统及其在整个供应链中的权衡。

3.5 实现高包装物流绩效需应对的组织挑战

包装性能的实践方法提供了一种评价和改进包装系统供应链绩效的方法。这往往能挖掘出降低成本和减少环境影响的巨大潜力。然而，要实现这一潜力，就必须应对若干组织挑战。

第一，包装系统的整体绩效取决于其在供应链中多个参与者的运作情况。为评估这一点，企业需要在包装开发和选择过程中与供应链内部各方协作。这意味着外部参与者应参与这些过程，以便多个组织都能参与包装设计和选择，从而掌握包装的复杂性及其对供应链绩效的整体影响。从组织角度来看，这可能需要采用一种改进后的包装设计与流程选择方法。

第二，在战略层面上考虑包装决策。若未能做到这一点，则难以进行组织变革。通过让高层管理人员参与包装决策，可以把握包装的战略价值。

第三，包装物流中的系统视角强调关注包装系统的性能。不仅初级、二级和三级包装单元各自有令人满意的性能，而且它们之间的相互作用也不容忽视。因此，必须像第1章所述的那样，将包装的三个级别作为一个系统进行评估。如果不同类型包装的责任分配给了不同的组织单位，那么这对一个组织或供应链来说就颇具挑战性。例如，营销部门可能负责初级包装，而物流部门则负责二级和三级包装。

第四，为最大化整体包装系统的性能，应以资源高效的方式管理包装系统与供应链中各流程之间的相互作用。包装性能方法论有助于识别和描述与当前包装系统及改进后的包装系统相关的供应链中的机遇和障碍。然而，某一参与者强调的机遇往往需要另一参与者提供某些资源。例如，增加手柄可能会减少零售店的搬运时间，但这就要求生产商使用成本更高的包装。为管理此类权衡，建议供应链各参与者探讨成本与收益分担的可能性。

3.6 小结

本章介绍了包装性能的方法论。它有助于评估和改进供应链中包装系统的性能，并提供包装系统潜在变更的影响和权衡。

包装性能的实践方法可以确定供应链中包装系统的性能、其单个包装特性以及每个包装层级的性能。该方法还可以识别包装系统内部以及供应链参与者之间的优势和劣势，为每个包装级别的包装特性之间的权衡提供有根据的决策支持，并识别包装系统的改进潜力。该方法包括四个步骤：整个供应链的包装系统规划、数据采集、包装系统评估以及包装系统改进。它提供了框架、工具和指南，以获得对包装系统的整体视图，并在包装系统中做出明智的权衡。

本章介绍了每个步骤的目的、关键特性、挑战、有用的工具以及实际应用的支持。包装系统规划旨在提高对包装系统、其供应链特性以及影响包装的产品特性的理解。为此，应使用一系列规划工具和考虑因素。数据采集步骤涉及使用包装记分卡进行数据收集，该记分卡包括四个方面的 17 个包装特性：减少产品浪费、提高物流效率、具有增值作用以及尽量减少包装材料。从每个参与者的多个已完成包装记分卡中可以获取数据。在包装系统评估步骤中，这些数据按照所呈现的结构化方法进行评估，进而识别出需要改进的包装系统特性列表。包装系统改进步骤使用头脑风暴和基准测试来满足改进需求。该步骤的结果是一个改进后的或新的包装系统。

要实施一个改进后的或新的包装系统，必须应对若干组织挑战。本章的最后一部分讨论了这些挑战。

4 管理包装物流的环境影响

包装后的产品对环境有直接和间接的影响。直接影响来自包装材料，指的是包装产品在生产过程中和产生的包装废弃物对环境的影响。间接影响与包装对物流效率的影响以及包装防止产品浪费的功能有关。间接影响往往大于直接影响［INCPEN，（包装与环境工业委员会），2009］，但在文献和实践中往往被忽视。

近年来，公共当局和公众讨论的重点是最大限度地减少包装废弃物和资源使用。为此，已经颁布了关于全球生产者责任的立法，以尽量减少包装废弃物的填埋并促进回收利用。因此，合乎逻辑的是，当公司的目标是环保的包装时，公司就倾向于关注包装材料的最少化和可回收性。然而，为了获得环境效率，间接效应也应受到重视。

本章讨论了三种效应的特点：包装材料、产品废弃物以及物流效率。本章还介绍了衡量和获得高效环保包装系统的方法，以及将直接和间接影响降至最低的方法。在详细研究这些影响之前，本章首先讨论了包装在提高环境效益和效率方面的作用，并介绍了包装材料、产品废弃物以及物流效率对环境的相对影响。

可以使用不同的措施来捕获包装物流的环境影响。两种常见的措施是二氧化碳排放量和能源消耗。本章尽可能使用"环境影响"这一通用术语，但当有必要采用实际措施的时候，由于数据的可用性，侧重于能源消耗。

这一重点确保所有能源都得到分析，包括产生二氧化碳的能源和不含二氧化碳的能源，如核能和水能。这样就可以确定要获得的总能量效率。

4.1 环保和高效物流中的包装

在对环保和高效物流的早期研究中，Wu 和 Dunn（1995）讨论了整个供应链的物流决策及其对环境的影响，强调了在原材料采购、入厂物流、生产物流、出厂物流、营销和售后服务方面的物流决策对环境的影响。每个决策都包含包装，这说明了包装对环境造成的重大影响（见表4-1）。

表4-1　　　　　　　　包装在对环境负责的决策中的作用

物流决策	环境影响范围	包装的作用
原材料采购	采购、供应商选择、供应商选址	影响包装材料、包装供应商的位置
入厂物流	货物整合、运输方式选择、运输供应商选择、物料搬运、仓储和回程管理	提供适当的单元化、可堆叠性、可操作性、重量和体积效率特征
生产物流	库存管理和填装过程	填装过程：最大限度地减少自动搬运的能源消耗 库存管理：与出厂物流相同
出厂物流	与入厂物流以及配送网络和包装系统选择相同	提供适当的单元化、可堆叠性、可处理性、重量和体积效率特征
营销	服务水平和销售渠道	包装尺寸
售后服务	退货管理	重量和体积效率、可堆叠性和单元化

原材料采购涉及采购、供应商选择和供应商选址等物流决策。所有这三个方面的决策都会影响包装材料对环境的影响。例如，采购会影响材料质量，这会导致生产对环境的影响，并在供应链的后期阶段导致产

品浪费。包装供应商及其所在地会影响二氧化碳排放量、能源和水的消耗以及生产包装所需的其他资源。包装供应商的位置也会影响运输方式和距离。例如，全球供应商可能需要海运和陆运，而本地供应商的运输距离需求要短得多。

入厂和出厂物流决策涉及货物整合、运输方式选择、运输供应商选择、物料搬运、仓储和回程管理等方面。出厂物流还涉及有关配送网络和包装系统选择的决策。为了促进有效的整合，这有助于减少运输对环境的影响，包装应提供适当的单元化、可堆叠性和可处理性特征。根据运输方式，可能需要调整包装系统设计，以尽量减少对环境的影响。如果考虑空运，则由于成本高和对环境影响大，更需要关注包装的重量和体积效率。如果运输方式主要是海运或铁路运输，则体积效率比重量效率更重要，因为从环境角度来看，最大限度地增加货物运输量至关重要。运输供应商的选择也会影响消耗能源的装载和卸载程序。因此，操作效率是这些过程中的重要因素，并且可能包括统一包装以及包装和处理设备的顺畅对准。包装在物料处理中也有类似的作用，其中对自动处理效率的要求是为了实现最小的能源消耗。仓储和库存的环境影响决策也涉及空间利用。高水平的空间利用率使得来自仓库加热和照明的能量消耗被分配给更多的产品。包装通过单元化、体积效率和可堆叠性实现了高空间利用率。类似的包装特征有助于高效的退货管理。

生产物流决策涉及库存管理和填装流程。库存管理中包装对环境的影响与对入厂和出厂物流的影响相似。填装过程中的包装应尽量减少自动处理的能耗。

与营销相关的物流决策涉及服务水平和销售渠道。从环境的角度来看，这会影响库存水平和包装尺寸。包装越小，每个产品的包装材料量越大。在销售渠道中做出的决策决定了与包装相互作用的物流设备和结构。为了提高环境效率，在包装系统设计中应考虑这些相互作用。

最终的物流决策涉及售后服务。此处的环境影响源于退货管理。从包装的角度来看，特别是重量和体积效率、可堆叠性和单元化特征能够使退货管理变得高效。

本节已经证明，包装在提供环保和高效的物流方面发挥着重要作用。在下面一节中，我们会将包装（物流效率）对环境的影响与包装对环境的直接和其他间接影响进行比较。

4.2 包装对环境的直接和间接影响

本章的引言描述了在包装材料方面，包装对环境的间接影响通常显著高于直接影响。然而，对环境的影响在不同的产品和不同的供应链之间是不同的。

以下三个例子说明了包装材料对环境的直接影响与包装对产品废弃物的间接影响的比较，以及包装在能源消耗方面的物流效率：①英国的食品供应链；②从意大利到瑞典的欧洲牛仔裤供应链；③从中国到瑞典的全球烤箱供应链。这些例子一方面突出了产品特性和供应链的变化。例如，重量、体积和运输距离影响运输中的能量消耗，并且产品中累积的能量决定了未售出或损坏的产品对总能量消耗的影响。另一方面则是产品退货率的变化。例如，牛仔裤比食物或烤箱更有可能被退回，这导致了额外的运输。为了进一步强化包装对环境的直接和间接影响之间的相对能量消耗的整体模式，牛仔裤和烤箱的例子说明了三种不同的分销渠道。这改变了直接影响和不同间接影响的个体占比，但整体模式仍保持相似。

案例 1 英国的食品供应链

总的来说，食品生产（种植、加工、生产和精炼）在食品供应链总能耗中占有相当大的比例。为了阐明包装材料对环境的影响与包装对运输效率和食品产品废弃物的间接影响之间的对比，图 4 - 1 展示了供应链中各阶段的能耗率。原始数据摘自包装与环境工业委员会 2009 年的一份报告，该报告描述了英国每人每周的能耗情况。应注意，这些是指示性数字，不包括包装处置和废弃物处理。

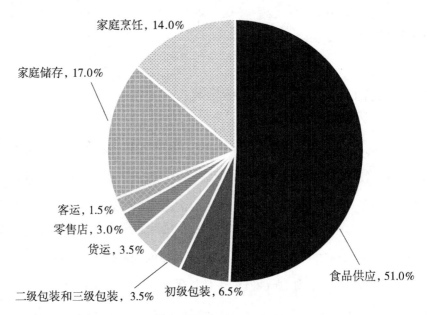

图 4 - 1　英国每人每周不同阶段的食物能耗占比

图 4 - 1 显示了食品的相对能耗，平均而言，食品供应约占能耗的一半，而包装系统（初级、二级、三级）中的材料占 10.0%。货运占 3.5%，消费者前往商店的客运平均占 1.5%。最后一个比例是相当低的，因为客运在多种产品之间分摊（即假设消费者在同一次购物行程中购买几种产品）。最后，家庭储存占 17.0%，家庭烹饪占 14.0%。在某种程度上，包装会影响家庭储存活动，但不会影响家庭烹饪。例如，通过为产品提供足够的通风或隔离条件，可以减少家庭储存的能耗，从而延长产品的保质期。

整个系统的能耗应最小化。充分的包装确保了包装产品中来自种植、加工、运输等的累积能源不会被浪费。应最大限度地减少能耗的所有贡献者，但如果有必要进行优先排序，则如图4-1所示，最大限度地减少食品浪费至关重要。这也表明，货运的平均能耗是有限的。

但是，需要注意的是，如果使用空运和全球供应链，这个比例可能会有所不同。此外，该图重点关注了能耗。如果以二氧化碳排放量来衡量环境影响，结果可能会有所不同，因为运输中使用的化石燃料是与其他阶段不产生二氧化碳排放量的更大比例的能源相比的。由于食品供应占能耗的比例最大，因此可以得出结论，如果额外的包装材料能够提供更好的保护并减少产品浪费，这将对环境产生积极的影响。如果食品被损坏或浪费，能耗将来自食品供应、包装等供应链中各个阶段的累积能源。例如，如果包装好的产品在零售店中损坏，则累积的能源就与食品供应、包装系统、货物运输和零售店的部件有关。

包装对总能耗的间接影响大于数据中所有食品的直接影响，但不同食品类别之间存在显著差异。如图4-2所示，包装的直接影响范围从面包的4%到软饮料的46%不等，但对于大多数食品类别，直接影响范围在4%到24%。软饮料包装材料超过了食品供应的能耗。然而，软饮料包装通常有很高的回收利用率，可以回收能源。奶酪是另一个例子，包装只占总能耗的5%，而食品供应占79%。因此，对奶酪和类似食品进行足够的包装保护至关重要。对于新鲜水果，重要的是在足够的包装材料（24%）和保护之间作出明智的权衡，因为食品供应占56%，货运占10%。

最后，如图4-2所示，货运能耗占总能耗的1%至10%。因此，食品的结论是，不同阶段的能耗有一个明确的一般模式，但如图4-2所示，应分析每一类食品，以了解其对环境的影响。如前所述，该图清楚地强调了最大限度地减少产品浪费的重要性。另外，包装材料对几个产品类别有重大的环境影响。货运和客运的能源消耗占比相当低，因为某种产品通常是与其他产品一起运输的。但是，应该指出的是，这些车辆经常使用化石燃料，这是减少运输能耗的另一个原因。

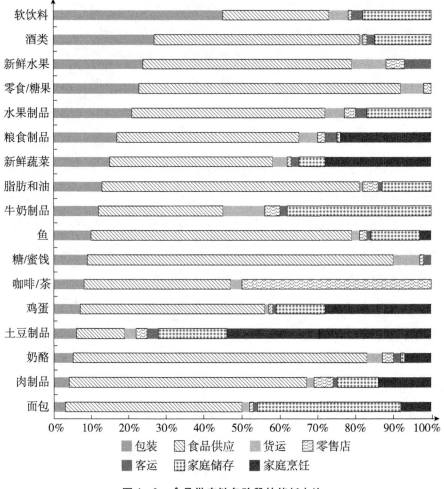

图 4 - 2　食品供应链各阶段的能耗占比

资料来源：INCPEN，2009。

案例2　从意大利到瑞典的牛仔裤欧洲供应链

前面的例子涉及食品的类别。其他产品（如服装和白色家电）具有不同的特点。

在该案例中，可以被视为轻质商品的优质牛仔裤在塑料袋中出售。我们假设牛仔裤是和另外两件东西一起购买的。这种购买假设意味着1/3

的客运行程被分配到牛仔裤。供应链从意大利的一家工厂开始，首先由卡车将产品运送到瑞典的配送中心，全程 2100 千米。然后，第二辆卡车将牛仔裤运送到另一个配送中心，全程 10 千米。接着，第三辆卡车将其运输到零售店。假设 10% 的牛仔裤损坏，而零售店的产品退货可以忽略不计。

总能耗可以表示为以下 5 个因素之和。

- 损坏的产品；
- 包装；
- 货运；
- 客运；
- 建筑。

由于系统边界不同，这些因素与上述食品案例略有不同。在这里，消费阶段在系统之外。图 4 - 3 显示了从意大利到瑞典的牛仔裤欧洲供应链中，每个因素对一条牛仔裤总能耗的贡献。

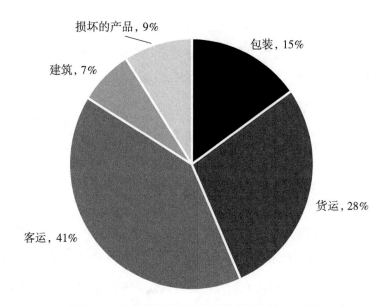

图 4 - 3　从意大利到瑞典的牛仔裤欧洲供应链中的 5 个能耗因素占比

此外还表明，服装包装的间接影响远远高于服装包装的直接影响。不同之处在于，服装对运输效率的影响比对食品的影响要大得多，而产品浪费对环境的影响则较小。包装占能耗总量的15%，而包装的间接影响占44%，包括损坏的产品（9%）、货运（28%）和建筑（7%）。相当多的客运是由汽车完成的。如果使用公共交通、骑自行车或步行，这个百分比就会下降，而其他每个因素都会增加，总数为100%。包装的直接和间接影响之间的相对差异将保持不变。

案例3 从中国到瑞典的烤箱全球供应链

该烤箱具有以下特点。它很重，用瓦楞纸板箱包装运输。10%的产品被损坏，但没有产品退货。烤箱在中国制造，用卡车运输200千米到一个港口，然后用船运19000千米到荷兰鹿特丹。从那里用卡车运输1100千米到瑞典的一个分销中心，最后再用卡车运输320千米到零售店。

图4-4显示了从中国到瑞典的烤箱全球供应链中的能耗因素。包装占总能耗的4%。间接影响的能耗因素占总能耗的71%，其中，货运占65%，损坏的产品占5%。如果包装可以消除产品的损坏，那么潜在的能耗因素减少量将大于整个包装材料能耗量。如果包装能够促进重量和体积效率更高的运输，那么在货运方面减少能耗的潜力也是巨大的。

在回顾了与包装相关的总能耗后，下一节将详细讨论如何管理包装对环境的影响。如Molina-Besch和Pålsson（2016）所建议的，可分为包装材料、产品废弃物对环境的影响以及包装对物流效率的影响。表4-2总结了这个结构。

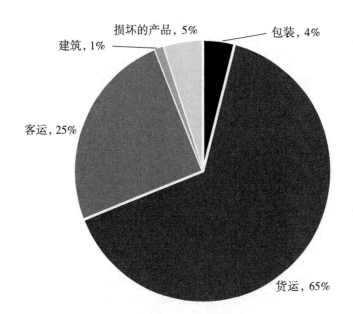

图4-4 从中国到瑞典的烤箱全球供应链中的5个能耗因素占比

表4-2   包装在三个方面对环境的影响

范围	包装特征	环境影响
包装材料	均衡的包装材料数量	考虑到产品保护和生产，尽量减少包装材料的数量
	更少的混合材料	提高回收利用率
	更节能的材料	最大限度地减少包装生产过程和该过程中使用的能源对环境的影响
	避免使用有害物质	尽量减少包装材料中的有害物质
产品废弃物	产品保护和密封	产品损坏造成的损失对环境有直接影响
	分配	包装的数量和尺寸会影响产品的废弃和浪费程度
	包装传递信息的能力	追踪包装信息，通过可追溯性最大限度地减少退货，避免不必要的产品浪费，减少废弃
	消费行为对环境的影响	通过易于清空的包装和可重新密封的包装避免产品浪费

范围	包装特征	环境影响
物流效率	体积效率	包装的体积效率影响运输车辆和物料搬运设备的利用率
	重量效率	包装的重量效率影响运输车辆和物料搬运设备的利用率
	散装货运的包装延迟	产品以散装方式运往区域包装中心、仓库或装配现场
	促进高能效的材料处理	可堆叠性：堆叠包装以优化空间利用的能力
		模块化：将包装形成模块以提高单元化、可堆叠性和体积效率
		单元化：所处理的包装或单位负载的数量会影响物料搬运的能源消耗
		冷却/加热需求：通过将包装作为绝缘屏障，将维持产品合适温度所需的能量降到最低

4.3　包装材料

包装材料对环境的直接影响源于其生产过程中的能源消耗和包装的废弃物处理，这涉及回收、填埋和气候的负面影响，如海洋中的塑料。欧盟每年报告的包装废弃物约为 8000 万吨（欧盟统计局，2017）。减少海洋中的塑料是至关重要的，因为海洋目前吸收了大约1/3 的温室气体。塑料通过杀死鸟类、鱼类和哺乳动物破坏生态系统来扰乱这种吸收过程。然而，每年仍有 480 万吨至 1270 万吨的塑料被倾倒入海洋（2015年数据）。

为了实现可持续发展，必须尽量减少包装材料和产品的浪费。在供应链中，特别是在全球供应链中，包装的产品面临许多挑战，这些挑战可能会损坏包装并导致产品浪费，例如，温度、水分、湿度变化，昆虫破坏和粗暴处理。在供应链中，包装材料可能在包装产品到达其最终目的地之前就被不同的参与者损坏或更换。除非供应链的每一部分都与恰当的废弃物处理系统联系起来，否则包装废弃物最终可能会进入垃圾填埋场甚至进入大海。许多国家都有包装废弃物的处理系统（Molina-Besch and Pålsson，2016）。然而，企业对整个供应链的了解有限，导致缺乏透明度。这意味着很难为整个供应链做出环保的包装选择，或者控制包装废弃物的最终去向。

在寻求减少包装材料生产对环境的影响时，应考虑四个方面。企业应力求平衡所用包装的数量，以提供足够但不过多的保护；应尽可能少地使用混合材料，以提高回收效率；应使用尽可能节能的材料；应避免使用有害物质。

4.3.1　平衡包装材料的使用量

包装的主要功能之一是保护产品。为了实现这一点，一定量的包装材料是必要的，然而，包装材料过多会导致不必要的环境影响。选择包装时，应考虑材料的厚度和包装尺寸。为了确定包装材料的使用量，需要考虑材料使用量和损坏产品数量对环境的综合影响。一方面，未充分包装的产品没有得到充分保护，将会导致相当大的产品浪费；另一方面，过度包装的产品仅需较少的包装材料就能得到充分保护，造成过多的材料浪费。为了使包装对环境的影响最小化，需要平衡包装材料的使用量和损坏产品的数量。图 4 - 5 对此进行了说明。

4.3.2　减少混合材料的使用

为促进高质量材料的高效回收，包装应尽量少使用混合材料，因为混合材料会使回收过程复杂化。除非混合材料对于实现某种特定且理想的功能（该功能对包装的其他环境影响具有积极作用）必不可少，否则

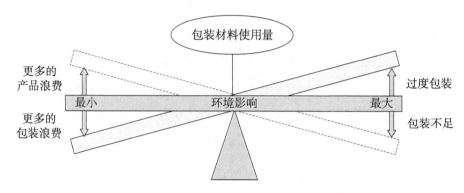

图4-5 从环境角度看平衡包装材料使用量的说明

应尽量减少其使用。例外情况示例包括，使用混合材料可减轻总重量，进而提高运输效率；或使用混合材料可延长产品保质期，减少产品浪费。对于此类情况，应计算混合材料的总净效应。

4.3.3 使用更节能的材料

包装使用的材料应尽可能节能。这意味着在考虑使用次数的情况下，生产包装所需的能量应降至最低。例如，对于在回收前可重复使用25次的包装，其生产过程中的能耗应除以25，以获得每次使用的能耗；对于一次性包装，由于需考虑全部能耗，因此每次使用的能耗要高得多。如表4-3所示，不同包装材料的材料生产累积能源需求（CED）各不相同。需注意，该表中的计量单位为兆焦/千克。例如，用于缠绕托盘或包装的低密度聚乙烯（LDPE）薄膜重量较轻，而玻璃瓶的重量较大，这意味着尽管玻璃的CED较少，但玻璃瓶的总能耗可能高于收缩薄膜。以不同销售渠道中使用的不同包装材料为例，在线销售并配送至提货点的书籍所使用的瓦楞纸板包装，其包装材料生产能耗通常约为4兆焦，而在实体店购买的书籍所使用的塑料袋对应的能耗约为2兆焦。

表4-3　　　　　常见包装材料的材料生产累积能源需求（CED）

材料	CED（兆焦/千克）
包装玻璃，白色	17
瓦楞纸板箱	22
低密度聚乙烯（LDPE）薄膜	93
可发性聚苯乙烯（EPS）板	90
实心板	60
折叠箱板	32
牛皮纸，未漂白	58

资料来源：Ecoinvent 和 SimaPro。

尽管包装生产所需的能量至关重要，但从环保角度来看，了解能源来源（化石燃料或可再生能源）同样重要。此外，还应考虑能源以外的其他环境影响。这些信息可从包装材料供应商处获得。

4.3.4　避免使用有害物质

包装材料中应避免使用有害物质，原因如下。为防止消费者中毒或面临其他危险，必须避免有害物质转移至产品中，尤其是食品和饮料。此外，在回收或废弃物处理过程中，还需避免从使用过的包装中向生态系统排放有毒物质。如果无法避免使用有害物质，则应在包装标签上通过标准化说明和象形图，并附上安全数据表，告知其存在。根据欧洲职业安全健康局（2018）的数据，包装中最有害的物质包括致癌物质、致突变物质、生殖毒性物质、呼吸道致敏剂、生物杀灭剂或植物保护剂。

4.4　产品浪费

产品浪费可能占包装产品环境影响的相当大比例。例如，对于装在塑料袋中的服装，包装材料通常占总能耗的 10% 左右（Pålsson et al.,

2017）。而装在瓦楞纸箱中的家具对应的值低于5%。对于食品而言，产品中累积的能量通常占包装产品总能量的很大比例（Hanssen，1998）。两者的差异至少是包装材料能量的10倍。例如，将面包浪费减少2%可使面包包装材料增加50%，但总体环境影响仍会降低（Williams 和 Wikström，2010）。

就产品浪费而言，食品存在重大问题，需要特别关注。据估计，全球每年约有1/3的食品（以吨计）被浪费（Bond et al.，2013）。在欧盟，约35%的食品浪费发生在从生产商到零售商的过程中（Stenmarck et al.，2016）。包装可以通过提供适当的保护来显著降低这一数字。研究表明，在消费阶段（占53%），包装影响20%～25%的产品浪费（Williams et al.，2012）。其余的浪费来自餐饮服务。

为最大限度减少因过期、潮湿、温度变化、粗暴搬运、污染及其他因素导致的产品浪费，需了解包装产品的集成供应链要求。为减少产品保护对环境的负面影响，应考虑以下四个方面：①包装的保护和容纳能力；②分配；③包装传递信息的能力；④消费者行为对环境的影响。

4.4.1　包装的保护和容纳能力

为减少对环境的负面影响并最大限度减少总能耗，包装必须具备保护和容纳产品以避免产品浪费的能力。这种保护包括多种特性，因为在供应链中，尤其是全球供应链中，包装产品会面临诸多可能损坏包装并导致产品浪费的挑战，如温度、湿度变化，昆虫破坏和粗暴搬运。

此外，包装还可显著延长产品的保质期，从而减少产品浪费。例如，未包装的黄瓜仅三天后便无法销售，而1.5克的塑料包装则可将保质期延长至两周。在所有存在产品浪费风险的情况下，均需在包装材料与损坏产品之间进行权衡（见图4-5）。

4.4.2 分配

分配涉及确定初级、二级和三级包装的可管理尺寸。从环境角度来看，初级包装的尺寸应与消费者的消费模式相匹配，以避免因包装过大而造成产品浪费。二级和三级包装的尺寸设计应与销售模式相匹配，以避免出现过期的情况。分配还与尽量减少物料处理和运输的影响有关，这些要素将在下一节（包装对物流效率的影响）中探讨。

4.4.3 包装传递信息的能力

包装具有通过标签在供应链中传达追踪与追溯数据的能力。适当的可追溯性信息可以通过减少退货量来减少环境影响。包装传递信息的能力还有助于通过告知供应链参与者如何处理包装产品来避免不必要的产品浪费。

4.4.4 消费者行为对环境的影响

包装应告知并支持消费者了解产品储存和使用条件。这有助于延长保质期并避免不必要的产品浪费。

4.5 包装对物流效率的影响

包装的体积和重量效率影响物流效率。这两者都是高排放活动，因此对环境影响较大。在经合组织国家中，运输约占二氧化碳排放量的30%（ITF，2010）。提高包装的体积和重量效率被认为是供应链中减少二氧化碳及其他排放的三大举措之一（Doherty and Hoyle，2009）。包装通过改善物流效率来影响环境，具体表现为：①提高包装系统的体积和重量效率；②利用包装延迟与批量运输；③实现节能的物料搬运。

4.5.1　包装系统的体积和重量效率

包装系统的体积效率是指初级、二级和三级包装的综合立方利用率。换句话说，它指的是处理、储存或运输的空隙（空气）量。这种体积效率极大地影响了物流效率，影响了运输中的车辆利用率、所需的仓库空间以及满载和空载包装的物料搬运效率。包装系统的体积效率可以通过将每个包装级别的空隙量相乘来计算。例如，体积效率为50％的初级包装、80％的二级包装和80％的三级包装的包装系统，其体积效率为32％。如果多个这样的包装系统在50％满载的卡车中运输，则卡车利用率仅为16％。因此，必须将包装系统的体积效率与卡车利用率相结合，以衡量总潜力。然而，在实践中，这两种测量通常被分开处理。此外，包装系统的体积效率通常仅考虑三级包装，这意味着在这种情况下，测量结果表示80％的包装系统的体积效率和50％的卡车利用率。

重量效率是指包装系统（包括产品）的总重量。它影响物流效率。重量效率总是影响运输和物料搬运中的能耗。在重量限制条件限制了卡车装载量或包装中货物量的情况下，它尤其具有影响力。

有意识地提高体积效率，通常可以大大提高物流效率。公司应在包装设计阶段就考虑体积效率，同时还应测量并重新设计其当前的包装系统。重新设计的一个例子是宜家的一款茶灯产品，这款产品最初是松散地装在塑料袋中出售，后来改为叠放在矩形收缩包装中出售。这就需要对产品进行改良，以避免堆叠不稳，并要投资更新生产设备。但这使得每个托盘的茶灯数量增加了约30％（Klevås，Johnsson and Jönson，2005）。这相当于每年减少400辆卡车、更高效的储存和更少的店铺处理时间。

第二个例子是一家大型电子公司，其包装的重新设计显著减少了体积和重量。图4-6给出了一个示例，其中相同的内容物被包装在一个更小的盒子中。这一重新设计使体积减小了 67%，重量减少了 8%。第三个例子来自一家包装公司，该公司将入厂交付的托盘高度从 1200 毫米增加到 1300 毫米，使运输排放减少了 14%（Caraballo and Westergren，2012）。这些例子表明，相对简单的更改可以产生相当大的积极环境影响。

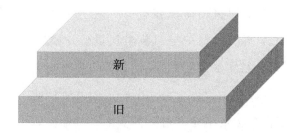

图 4-6　为一家大型电子公司相同物品重新设计的包装

另一个例子如图 4-7 所示，比较了两种典型的番茄包装解决方案。在这个番茄的两种现实包装解决方案的示例中，22 个初级矩形包装可以装入二级包装中，而圆柱形罐头只能装 14 个。然而，在恶劣环境中和需要长期保存的情况下，圆柱形罐头更可取。矩形包装的最佳食用期限为一年，而圆柱形罐头为三年。此外，由于圆柱形形状在相同体积下使用的材料较少，圆柱形罐头的表面积也略小于矩形包装。

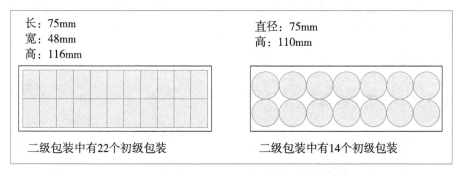

图 4-7　矩形与圆柱形罐头（400 克番茄）的包装对比

在分析体积和重量效率时，应考虑供应链中的运输方式。运输方式越耗能，对体积和重量高效的包装的影响就越大。例如，在国际能源机

构（IEA）成员国中，航空货运平均消耗约为 10 兆焦/吨公里，卡车为 2.6 兆焦/吨公里，海运为 0.8 兆焦/吨公里，铁路为 0.2 兆焦/吨公里（IEA，2017）。

可以通过第 3 章中介绍的包装性能方法，重新设计包装系统，以减少当前包装解决方案的包装体积和重量。它还可以通过分析过度包装（见图 4 - 5）来平衡产品保护与包装材料量，并通过最小化额外物品（如使用电子手册代替实物手册）、使用轻质包装材料以及拥有更大的包装单元来减少包装体积和重量。另一个有用的方法是使用批量运输并应用包装延迟，这在第 2 章中介绍过，下文也有详细说明。对于新产品的包装解决方案，建议采用并行产品和包装设计，如第 10 章所述。这样，包装产品被开发为一个系统，以避免次优化。

4.5.2　包装延迟与批量运输

如第 2 章所述，包装延迟可以支持体积和重量效率。通过将最终包装解决方案推迟到交付过程的后期，可以在供应链的多个阶段使用包装较少的批量运输，为产品提供更多空间并减少包装增加的重量。这方面的一个例子是用大容器运输饮料，然后在销售地附近装瓶。大容器在运输中需要的吨公里数更少、仓库空间更少、处理量也更少。批量运输可以降低过时风险，从而减少产品浪费。

4.5.3　节能物料搬运

节能物料搬运意味着包装支持要同时处理的货物或产品，并尽量减少冷却或加热的需求。为了同时处理多个产品或组件，包装系统应支持可堆叠性：包装堆叠以增加空间利用率的能力。实现这一目标的其他方法是单元化和模块化。单元化是指将不同形态和规格的物品通过一定的技术手段，组合成标准规格的单元器具，从而影响物料搬运效率。模块化是一种特殊的单元化。当包装系统可以分解为多个包装单元（如初级包装和二级包装）时，这些包装单元可以与其他模块化包装以各种配置混合和匹配以形成其他包装系统，该包装系统被视为模块化。模块化涉及将包装设计成模块，以促进不同包装的共同处理（如启用混合托盘）。最后，包装可以具有绝缘屏障，以最小化维持产品合适温度所需的能量。因此，包装系统可以满足这一需求，而不必依赖配备加热或冷却设备及能源供应的车辆和储存区域。

4.6   小结

本章介绍并详细阐述了包装对环境的影响，强调了包装材料在生产过程中和包装废弃物对环境的直接影响，强调了与包装防止产品浪费的能力相关的间接影响，以及包装如何影响物流效率。

本章首先讨论了包装在环保和高效物流中的作用。它首先介绍了物流决策对原材料采购、入厂物流、生产物流、出厂物流、营销和售后服务的环境影响，接着强调了包装在每个物流决策中的作用，以说明包装在环保和高效物流中的重要作用。

包装材料、产品浪费以及物流效率对环境的相对影响因产品特性和供应链的不同而有所差异。这在以下的三个案例中得到了说明：①英国的食品供应链；②从意大利到瑞典的牛仔裤欧洲供应链；③从中国到瑞典的烤箱全球供应链。

本章提出了一种结构来处理包装材料、产品浪费以及物流效率的环境影响，总结见表4-2。为了减少包装材料生产的环境影响，公司应使用适量的包装材料进行充分保护，但不过度保护；应尽可能少地使用混合材料以提高回收效率；还应使用尽可能节能的材料并避免有害物质。

5 管理包装废弃物

在使用完成之后，包装变成废弃物。由于包装系统由几个部分组成，如包装盒、托盘、捆扎带和收缩包装塑料，这些部分在整个供应链中不断变化，因此包装废弃物的地理位置也各不相同。例如，包装系统的一些部分最终进了仓库，一些部分在零售店中，还有其他部分与消费者在一起。消费者处理的包装废弃物和公司处理的包装废弃物之间的普遍差异是处理的方式。工业包装废弃物发生在供应链中。虽然可以概括地描述包装废弃物最终到达的供应链阶段和参与者，但包装管理和废弃物管理实践取决于特定材料、特定行业和特定国家的包装特征以及其他背景特征。

本章介绍了与这些挑战有关的问题，讨论了包装废弃物的特征、供应链中添加新包装和淘汰旧包装的要点，并考虑到消费品和工业包装的包装废弃物管理，以及可重复使用的包装和一次性包装之间的差异。本章继续讨论包装废弃物收集系统和供应链参与者的包装废弃物管理。应该指出的是，立法和监管是特定行业和特定国家特征的一部分，但这些考虑超出了本书的范围。

5.1 包装废弃物的特征

包装系统产生的废弃物与初级、二级和三级包装有关。包装系统的每一级都可以在供应链中更换多次。例如，初级包装可以放入二级包装中运输到仓库，在仓库中将其重新包装到不同的二级包装中。在重新包装的过程中，其他包装部件也经常被替换为如中间层和收缩包装的塑料膜。这是因为包装系统通常由除了盒子之外的不同包装级别的几个部分组成。供应链中应考虑的包装废弃物通常有：

- 初级包装：包装盒、包装袋、促销包装；
- 二级包装：包装箱、盖子、标签、运输填充材料；
- 三级包装：包装件、托盘、集装箱、中间隔板、捆扎带、护套、收缩膜。

这些部件中的每一个都可以由一种或多种材料组合而成，这些材料应根据其特征进行分类和回收。

工业包装废弃物是指使用过的包装和剩余的包装材料，这些材料在处理包装的任何工作中都被认为是无用的。它起源于各种过程，如填装、装配、制造、重新包装、拣选、清空和补货。家庭包装废弃物包括来自私人住宅的使用过的包装和包装材料。工业包装废弃物和家庭包装废弃物之间的一个主要区别是，工业包装废弃物的收集比家庭包装废弃物的收集更容易预测和计划，因为填装、重新包装和其他包装废弃物产生的过程是可以预测的。预测消费者的位置以及他们会扔掉哪种包装材料要困难得多。出于同样的原因，工业包装废弃物比家庭包装废弃物更容易规划和分类。

5.2　包装废弃物的位置

包装废弃物出现在整个供应链中。因此，每个参与者都需要一个废弃物收集系统和规划合理的废弃物运输系统。图5-1显示了整个消费品供应链中的包装用品和包装废弃点。这里呈现的用于商店销售的消费品的基本流程图与用于电子商务的工业包装和供应链类似，但是在包装废弃物的最终目的地方面有所不同。下文将进一步解释这些差异。

在实践中，研究包装消费品的系统边界通常设定的是从生产商的填装地到消费者。从包装供应商的空包装材料到包装原材料，即在包装中装入原材料并送往生产商，可以作为一个单独的系统来研究。废弃物收集者和回收过程在图 5 - 1 的边界之外。

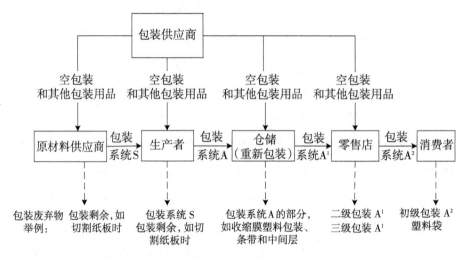

图 5 - 1　消费品供应链中的包装废弃物图解

图 5 - 1 中包装废弃物的产生过程如下。生产者从多个原材料供应商处接收原材料以制造消费品。原材料在包装系统中交付。包装系统由生产商清空，然后根据类型进行处理：一次性包装成为废弃物，而可重复使用的包装需要返回运输到包装仓库。因此，生产者需要将这两种使用过的包装进行分类和储存。此外，生产商从包装供应商处接收空包装、包装材料和其他包装用品，例如，标签、捆扎带、塑料包装、托盘和袋子。产品制造完成后，进入包装过程。该过程通常产生包装废弃物，包括来自切割瓦楞纸板或其他纸板，或来自胶合、塑料包装和木质包装的剩余物。为了处理各种包装废弃物，生产者需要处理好包装材料的若干

废弃部分。

最终的包装系统 A 被装载并运输到仓库，通常被重新包装到改进后的包装系统中。例如，这可以放到一个装有混合产品的新托盘上，从托盘到容器，或从初级包装到展示包装上。在图 5 – 1 中，改进后的包装系统用 A^1 表示。从包装系统中取出的包装和材料成为废弃物。这包括未包含在改良包装系统中的收缩膜塑料包装、中间隔板和捆扎带。改良后的包装系统 A^1 被发往零售店。

通常情况下，二级和三级包装在零售店进行产品补货或用于店内销售后，会成为废弃物。在店内添加的包装通常是消费者用来将商品带回家的袋子。在零售商补货或打开包装系统的过程中，产生的废弃物与仓库中的类似，可能包含各种剩余包装材料以及使用过的二级和三级包装。对于展示包装销售的产品，展示包装在店内也会成为废弃物。随着展示包装的广泛使用，这种废弃物在零售店中的数量正在增加。

消费者通常会将初级包装以及用于运输的袋子或其他包装带回家，这些最终都会成为家庭废弃物。与工业废弃物不同，预测包装产品将在何处被消费或清空并不容易。因此，更难确定正确的废弃物成分和尺寸，以便收集包装废弃物。

应该强调的是，需要从供应链中的每个参与者处收集和运输包装废弃物。但同样值得强调的是，图 5 – 1 所示的供应链是一个相当简单的供应链。许多供应链包括多个仓库和其他节点。而工业包装省去了消费者环节，这意味着所有包装废弃物最终的目的地都在受控的工业环境中。这样就更容易预测和正确确定所需的包装废弃物收集和运输系统的规模。

电子商务中设置了不同的供应链。在用于送货上门或代收点的交付系统中，包装废弃点发生了变化。随着电子商务的扩大，家庭包装废弃物和仓库包装处理作业都会增加，这意味着收集系统需要根据这些变化进行升级。特别是，更多的废弃物往往最终位于消费者端，因为存在额

外的保护性包装，往往有填充材料作为额外的支撑。其他一般性差异包括取货点的包装废弃物可能会增加而零售店的包装废弃物可能会减少，更多的包装工作将在仓库中进行，导致有更多的包装剩余物要分类、储存和收集。

5.3 包装废弃物回收系统

包装废弃物回收系统因国家而异，但其背后的基本原则都是相似的。以下以瑞典的废弃物回收组织为例进行介绍。与欧洲其他国家、亚洲国家和美国相比，瑞典的回收率相当高。包装废弃物处理遵循"生产者责任"原则，这意味着污染造成的损害责任应该由对污染负责的行为人承担。因此，生产、销售或进口包装产品的公司应对消费者使用过的包装负责。根据运行国家包装和报纸回收计划的瑞典组织 FTI 的规定，公司必须确保：

- 包装可重复使用、可回收或能够回收；
- 回收的包装被循环利用，制成新的原材料或回收能源；
- 客户收到回收使用过的包装所需的信息；
- 适当的回收系统便于使用，并为消费者提供高水平的服务；
- 将收集数据、回收和再利用率以及材料使用情况汇报给瑞典环境保护局。

从回收的角度来看，包装是"容纳、保护、处理或呈现产品，或用于交付或处理产品，从原材料到成品，从生产者到消费者"的任何材料（瑞典法规 2014）。生产者对包装的责任旨在限制包装的体积和重量，并确保包装材料废弃物的回收目标实现。

为了遵守生产者责任原则，瑞典的工业公司联合起来，共同创立了 5个材料组织和一个协调性的非营利性服务组织。每个组织负责一种类型的包装材料：金属、塑料、报纸、纸板和玻璃。系统中的每个公司都根据其运营产生的包装材料的重量支付包装费，以资助其对应的组织。服务组织由五个材料组织共同拥有。这些公司产生的大部分包装都由这些组织负责。

该服务组织制订了一项 5 点计划，以实现瑞典政府为每种材料制定的回收目标。该计划定义了被视为法律上负责任的生产者的角色。它还包括一个经批准的废弃物回收系统的框架，该框架应由一个监管机构来监督执行。计划中的 5 点是指：

（1）维护回收站。

（2）扩大面向家庭的路边收集点。

（3）与国内所有市政当局达成协议并开展合作。

（4）对废弃物管理过程进行质量评价，重点是家庭评级。

（5）支持市政当局向家庭提供足够的信息。

作为一个额外的激励措施，所有公司在这个管理包装废弃物的伙伴关系中有权在其包装上显示环保标识。许多欧洲国家使用环保标识，目的是确保并向消费者传达公司履行其生产者责任的义务。

5.4 管理包装废弃物

如图 5-1 所示，包装废弃物出现在从填装地到消费地的整个供应链中。为了管理包装废弃物，可以应用两个一般原则。

第一，在包装系统的设计和选择阶段确定废弃物的数量和类型。为了使废弃物收集工作环保高效，这些阶段应遵循第 4 章中讨论的与包装材料相关的指南。简言之，这包括使用尽可能少的包装材料以获得足够多的保护，使用尽可能少的混合材料，并确保不同材料易于分离，还包括使用可回收材料和具有高回收率（即具有高能源回收系数）的材料。

关于这一点的深入讨论和细节，请参见第4章。

第二，废弃物收集系统的有效性和效率决定了回收率。为了从整个供应链收集废弃物，收集系统必须设计有多个位置的收集点。因此，必须确保在出现包装废弃物的地方，所有废弃物收集点都是可用的。为确保有足够的储存容量，应确定回收容器的大小和体积以及收集时间和频率，有包装废弃物的地点必须有足够的空间放置回收容器。空间通常是建筑物中的稀缺资源，在生产工厂、仓库和零售店等设施中，收集系统的规划应不干扰其他操作。应该能够有效地将包装废弃物在使用结束时处理到废弃物箱中，而不会干扰叉车作业、拣选和其他的物料处理操作。在生产中，使用过的包装通常需要从装配或生产线处理到回收箱。在仓库里，过道里不应该有包装废弃物。在零售店中，必须将废弃物在商店中的时间减到最少，因为这会干扰销售、污染食品并导致消费者受伤。收集过程的最后一步，即废弃物收集系统，已在前一节中进行了讨论和举例说明。

5.5 小结

本章提出了问题，并讨论了与包装废弃物管理有关的挑战。工业包装废弃物是指在任何处理包装的企业中被认为无用的废旧包装和剩余的包装材料。废弃物来自各个阶段，例如，填充、装配、制造、重新包装、拣选、清空和补货。家庭包装废弃物包括来自私人住宅使用过的包装和包装材料。工业包装废弃物的收集比家庭包装废弃物的收集更容易预测和规划。

工业包装废弃物发生在供应链中。本章大致描述了供应链阶段和包装废弃物最终到达的参与者，但包装管理和废弃物管理实践取决于特定材料、特定行业和特定国家的包装特征以及其他背景特征。瑞典的回收组织是包装废弃物处理遵循生产者责任原则的一个例子。为了遵循这个原则，瑞典工业界的公司联合起来，共同创立了 5 个材料组织和一个协调性的非营利性服务组织。

　　本章的最后一节提出了管理包装废弃物的两个一般原则。第一，在包装系统的设计和选择阶段确定废弃物的数量和类型；第二，废弃物收集系统的有效性和效率决定了回收率。废弃物收集系统的设计必须实现能够在整个供应链的许多位置收集废弃物。

6　包装系统的 ICT 特征

包装是一种出色的信息载体，它通常从填装地跟随产品至消费地。通过将包装标签上的信息与物流管理相结合，可以提高供应链中的追踪与追溯能力，从而提高物流绩效。通过实时捕获和传递追踪信息，如使用射频识别（RFID）技术可以开发决策支持系统。此类系统有助于实时控制物料流动或预测冷藏食品的质量和安全性。本章讨论了通过信息和通信技术（ICT）实现包装的追踪与追溯能力。本章具体探讨了利用和管理追踪与追溯能力的必要性和挑战、对物流绩效的影响、获取追踪与追溯能力的包装标签，以及在组织间实施这些能力时需要考虑的关键因素。

6.1　追踪与追溯能力助力包装管理

包装上的标签可以提供大量详细的追踪与追溯数据。若要发挥其优势，需要对这些数据加以利用。公司在采集数据后，需要处理、分析数据并采取行动。没有管理和利用，数据的价值就微乎其微。一家大型纸品包装公司在集装箱物流中实施 RFID 技术的案例就说明了这一点。它展示了具有追踪与追溯能力的标签虽能提升供应链可视性，但要获得物流效益，关键在于公司对追踪与追溯数据的管理和利用。

这家纸品包装公司制造各种纸制品和纤维基包装，包括运往全球市场并装在集装箱中的纸卷筒。由于港口集装箱在港口的错放问题，该公司不得不花费大量资源追踪产品，因此决定使用 RFID 技术实现追踪与追溯能力。他们在每个纸卷筒上放置一个 RFID 标签，并将其与集装箱上的唯一识别码关联。通过这种方式，该公司可以了解纸卷筒的位置，因为可以验证其位置。最初，公司定期跟踪集装箱位置，这一举措解决了错放问题。然而，随着时间的推移，公司逐渐改变了常规做法，不再跟踪标签，结果再次导致集装箱错放。

包装中的追踪与追溯能力可以提供供应链可视性，这是提升效率所必需的基础条件，但这还不够。为了从这种可视性中获益，公司需要采取行动并利用追踪与追溯数据来管理包装系统。

6.2 包装中的 ICT 对物流绩效的影响

利用追踪与追溯数据可以对物流绩效产生积极影响。根据 Stank 等人（2001）的研究，物流服务绩效基于组织以下方面的能力来衡量。

- 将订单接收与客户交付之间的时间缩短到尽可能接近零；
- 持续满足约定或预期的交付日期和数量；
- 响应关键客户的需求和期望；
- 持续提供所需数量的产品；
- 在物流操作过程中修改订单规模、数量或构成；
- 为特定客户调整交付时间；
- 使感知到的物流绩效与客户期望相匹配。

所有这些物流绩效衡量指标都受到包装的影响。表 6－1 突出了包装在各种衡量物流绩效指标中的作用。例如，通过利用包装的追踪与追溯能力，可以缩短订单接收与客户交付之间的时间。然后可以立即识别和运输包装产品。包装组合的单元化使得混合托盘更容易，并加快了托盘化过程，从而也减少了所需时间。包装延迟也可以减少时间，因为这一概念使最终包装操作能够在接近市场的地方进行。为了始终如一地满足交付日期，公司需要控制货物。这得到了包装中追踪与追溯能力的支持。为了满足数量需求，应考虑包装分配。

表6-1 **包装在衡量物流绩效指标中的作用**

物流绩效衡量指标	包装的作用
将订单接收与客户交付之间的时间缩短到尽可能接近零	包装中的追踪与追溯能力 包装分类的单元化 包装延迟
持续满足约定或预期的交付日期和数量	包装中的追踪与追溯能力 分配以满足数量需求
响应关键客户的需求和期望	根据需求类型，所有基本包装功能都能发挥重要作用
持续提供所需数量的产品	多种包装尺寸以支持分配从而满足数量需求
在物流操作过程中修改订单规模、数量或构成	多种包装尺寸以支持分配从而满足数量需求 包装中的追踪与追溯能力以记录变化
为特定客户调整交付时间	包装中的追踪与追溯能力
使感知到的物流绩效与客户期望相匹配	包装中的追踪与追溯能力 支持高效包装处理

物流绩效通过组织响应其关键客户需求和期望的程度来衡量。基本包装功能在影响这一绩效方面发挥着作用。例如，可能需要通过包装的便利性来满足需求，包装可以通过提供多种规格尺寸支持产品分配，确保稳定供应所需数量。在物流操作过程中，多样化的包装规格便于修改订单规模、数量或构成。包装中的追踪与追溯能力还可以用于记录数量变化。这些能力还有助于满足特定客户的交付时间，并使感知到的物流绩效与客户期望相匹配。对于最后一项物流绩效衡量指标，包装应支持处理。

6.2.1　信息共享与集成对物流绩效的影响

从表6-1可以得出结论，包装的追踪功能影响物流绩效的各种措施。为了从这些功能中获得好处，公司需要计划在供应链中的何处捕获数据以及如何利用这些数据。研究表明，物流绩效最好的公司在供应链中有几个包装识别点，这些公司可以根据更及时和可靠的包装产品移动数据做出决策（Johansson and Pålsson，2009）。

物流绩效最好的公司还与其他参与者及其系统广泛共享其包装追踪功能，整合组织之间的包装贴标签和注册（Pålsson and Johansson，2009）。通过与供应商和客户共享追踪功能，公司可以协调和整合供应链活动。公司可以通过获取标签注册的集成系统来利用供应链数据，这意味着供应商可以对销售地数据采取行动。然而，在实践中，公司目前仅在有限的程度上采用这种方法，因为公司通常使用不同的识别系统并且具有有限的信息共享能力。图6-1说明了瑞典制造公司包装系统注册流程。在生产中把控包装比在供应链的上游和下游把控包装更常见。

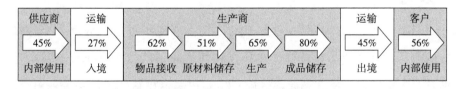

图6-1　瑞典制造公司包装系统注册流程：
在供应链各点注册唯一标识的包装百分比

6.2.2　驱动包装实践追踪功能的影响

大多数包装在某种程度上都利用了追踪功能。包装的产品可以被标识批次或产品类型，并且在一些情况下被标识为具有唯一标识的产品。

后者最有可能产生高物流绩效。使用唯一包装标识有很多原因。对瑞典制造公司的一项调查确定了具有不同驱动因素的四类公司（Pålsson and Johansson，2009）。使用唯一包装标识的公司是为了：①协调跨组织边界的物料流；②重新规划物料流并获得可追溯性；③满足外部要求；④降低被伪造或盗窃的概率。

这些使用唯一包装标识的不同的组织动机影响了供应链集成，这反过来又影响了物流绩效。旨在协调跨组织边界的物料流①和降低被伪造或盗窃的概率④的公司很可能实现供应链集成和物流绩效的改善。其他两类公司不太可能加强供应链集成和改善物流绩效。由于外部要求而仅实践这些功能的公司几乎不会提高其绩效，因此，如果公司被要求使用唯一包装标识，建议也仔细了解内部驱动因素。

6.3　包装的追踪功能

追踪是追踪包装产品从来源地到消费地的功能，是在这些点之间找到包装产品的功能。通过这些功能，包装建立了信息系统和物流之间的联系。

追踪包装好的产品是一件复杂的事情。仓库中可能有数百万个包装好的产品，这些产品在被拣选、补充和替换时不断发生变化。其复杂性涉及众多输送带、拣选和储存区域、移动和固定物料处理设备等的组合。在供应链的其他部分，如运输和生产，也有类似的追踪需求。显然，这些操作需要一个追踪系统，在这里，包装标签结合 ICT 可以实现追踪功能。

图 6-2 说明了在污染情况下尽量减少产品浪费的可追溯性原则。一个设计良好的包装追踪系统可以降低污染事故的风险。通过分析供应链中登记点之间的联系，可以最大限度地减少污染事件的负面影响，从而

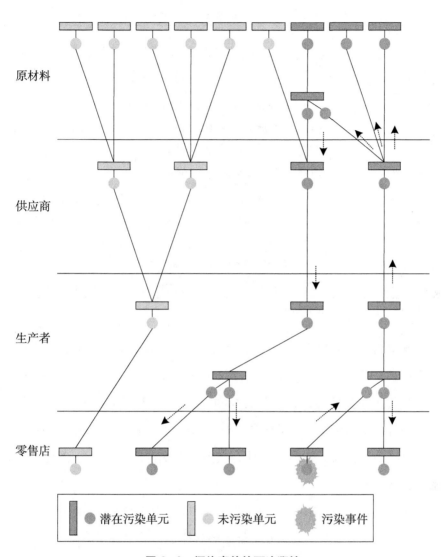

原材料

供应商

生产者

零售店

| | 潜在污染单元 | | 未污染单元 | | 污染事件 |

图 6 - 2 污染事件的可追溯性

节省成本和减少环境影响。

在包装追踪系统的设计中，应处理 8 个属性（见表 6 - 2），由 Stefansson 和 Tilanus（2001）开发。

表6-2　　　　　　　　　　包装双向追踪系统设计中应处理的属性

属性	说明
识别技术	如条码、RFID 技术或文本标签
追踪系统的范围	由三个维度界定：位置、时间和形式改变
级别	各个分散的登记可指不同等级的包装级别
属性记录	需要记录的四个典型属性：包装标识、标识位置、包装产品特性的变化以及记录信息的时间点
时间和地点登记	已包装产品从来源地到消费地何时何地被标识
活动水平	被动：已包装产品在到达或离开固定地点时进行登记； 主动：监控已包装产品从一个检查点到另一个检查点的进度，并在意外发生时发出信号
数据组织	可以是集中的或者由多个利益相关者共享
可及性	利益相关者可以在来源地和消费地之间追踪已包装产品

资料来源：Stefansson 和 Tilanus，2001。

• 根据实践追踪功能的原因、供应链特点和数据需求，应首先选择识别技术。最基本的识别技术是使用手动读取的文本标签。条码被广泛使用，通常以合理的价格提供足够的信息。RFID 技术也用于许多应用中，并且与条码相比提供了更多益处，如在超出视线范围的情况下可读，每个标签中包含唯一数据，并且一次提供多次读取，尽管它会造成更高的投资和标签成本。

• 追踪系统的范围由包装的位置、时间和形式改变来界定：

——位置变更是指包装在运输或各种搬运活动中被移动；

——时间变更是指储存会导致产品过期；

——形式改变是指转换过程，如生产，包装产品特性的改变，应在类型（如品种和质量属性）和量（如重量、体积或数量）方面加以规定。

• 必须确定包装系统中应储存信息的级别。这需要与在原产地和消费地之间不同地点登记的分层级别相联系。

- 应规定要记录的包装系统的四个属性：包装标识、标识位置、包装产品特性的变化（类型和量）以及记录信息的时间点。

- 修改的时间和地点应在从来源地到消费地的途中进行登记。

- 包装追踪系统的设计需要考虑包装的活动水平。一种方式是被动的，也就是说，包装产品在到达或离开固定地点时被登记。另一种方式是主动的，即从检查点到检查点监控包装产品的进度，如果出现意外情况，则发出信号。主动式系统对于定义明确的流程来说效果很好，以便快速检测和修改错误。被动式系统可能更适用于具有特定流程的定制交付系统。

- 数据储存可以集中化，也可以由云端的多个利益相关方共享。

- 应解决各利益相关者对记录数据的可及性和安全性问题。理想情况下，利益相关者应该能够在来源地和消费地之间追踪包装，但不能侵犯其他利益相关者信息的完整性或机密信息。

6.4 基本决策支持

包装有助于提供对任务状态、输入和输出的详细追踪。但是，如上所述，物流绩效只有在追踪数据得到实际使用的情况下才会得到改善。这就需要为 ICT 能够提供的数据分析和连续行动提供决策支持。Davenport 和 Short（1990）的类型学描述了 ICT 能力对组织的影响，ICT 能力有助于为包装提供决策支持。表 6 – 3 给出了与这些 ICT 能力中的 8 项相关的包装决策支持示例。

表 6 – 3　　　　　　　　8 项 ICT 能力对组织的影响

能力	组织影响	包装决策支持示例
分析	提供分析方法来检查过程	总成本分析
		可重复使用的车队规模
		规划和预测的基础

能力	组织影响	包装决策支持示例
提供信息	将大量详细信息带入流程	实现准时交付
把控顺序	改变流程中的任务顺序，通常允许同时处理多个任务	同时进行产品和包装生产、开发
去中介化	连接一个流程中需要通过中介通信的两部分	基于销售地数据的补货
事务处理	将非结构化流程转换为常规事务	自动下单
		便于共同装载各种订单
跨地域	远距离快速传输信息，使流程不受地理位置影响	包装延迟
自动化	取代或减少流程中的人力	在系统中追踪数据，减少了人工追踪
		汇总数据分析的潜在影响
知识管理	获取并传播知识和技能，以改进流程	分析汇总的长期数据

资料来源：Davenport 和 Short，1990。

通过考虑表6-3中的每种能力，可以以结构化的方式分析和利用包装的追踪功能。通常需要开发IT系统的分析能力，以提供适当的决策支持。例如，它可以与包装的总成本分析或生命周期评估、计算可重复使用包装的数量或进行预测有关。分析能力应为其他能力（提供信息、把控顺序等）中的行动提供支持。支持行动的8种能力中的每一种能力都应被考虑。通过这种方式，类型学就成为一个强大的工具，突出了包装追踪功能的潜在影响。通过运用每种能力，可以以结构化的方式获得全部潜力。

6.5 在包装中实践追踪功能

作者与技术提供商以及两个主要的欧洲公司进行了一项为期六个月对RFID实施参与者的观察研究，这两个公司其中一个是零售商，另一个是包装公司（Pålsson，2006）。来自这项研究的见解形成了通过包装成功实施组织间追踪功能的 5 项建议（见图 6 - 3）。

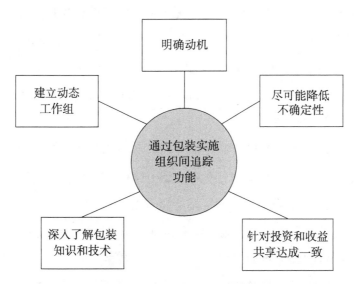

图 6 - 3 通过包装成功实施组织间追踪功能的 5 项建议

第一个建议是为参与组织间追踪功能实践项目的每个组织建立明确的动机。动机被定义为诱导个人或组织以特定方式行事的因素。然后，各组织的各个动机应转化为目标，既是在各个组织层面实践的预期结果，同时也是在组织间层面商定的总体目标的预期结果。在定义追踪功能的动机和目标时，所涉及的组织应该跳出投资成本，制定一个通过这些功能获得改善供应链绩效长期机会的愿景。没有清晰的愿景，组织就不太可能为了获得潜在的长期供应链机会而对物流流程进行必要的改变。

第二个建议是尽可能降低执行过程中的不确定性。否则，进展缓慢、采用临时办法的项目活动（如技术测试）缺乏条理，各组织之间费用分配不明确的风险就会增加。不确定性可以通过最高管理层的支持、工作组中透明的信息流以及为每个参与组织分配明确的责任来减少。不确定性与之前的建议（明确的动机）有关，这也有助于减少不确定性。

第三个建议是就投资和收益共享达成一致。在供应链的包装中实践追踪功能常常导致所涉及的组织的利益和成本不均匀。为了避免这个问题成为实践的障碍，必须就如何在实践过程的早期分配投资和收益达成一致，或至少进行讨论。然而，这并不意味着投资和收益必须平均分配。相反，所有参与者都应了解对该实践的期望。如果不尽早达成初步协议，有些组织可能会认为投资、成本和效益不平衡。这会降低这些组织参与的积极性。

第四个建议是在工作组中对包装知识和技术有深入的了解。这有助于选择适当的技术，并了解在包装实践中给定技术的潜在益处和挑战。例如，RFID 标签或条码在某些环境中可能是不可预测的。实践过程还可能需要及时接触具有以下技能的技术人员，如能够确定标签的最佳位置，或者确定标签的添加将如何影响包装生产过程的效率，这反过来可能会减慢整个生产流程。除了技术，对包装知识的需求还包括其对物流和营销等其他领域的影响。例如，一份概述与供应链中的包装相关的物流流程的资源有助于识别与包装中的追踪功能相关的所有物流机会。包装的营销要求也会影响实践过程。例如，营销要求可能会限制在包装上放置标签的机会，这既影响包装生产中标签的自动粘贴，也影响供应链中注册标签的能力。

第五个建议是建立一个动态的工作组，因为这提高了成功实践的概率。与先前的建议一样，工作组中应包含各领域的专门知识，以使实践进程取得成功。不同的组织有不同的专业知识，这意味着它们是相互依赖的。为了使实践过程有效，来自不同专业领域的人员应负责并领导该过程中各自的部分。因此，领导层呈动态变化。由于实践追踪功能过程的复杂性，在此过程中可能会出现意想不到的挑战和机会，因此，工作组需要是动态的且具有一定的适应能力，以便改变条件并不断评估新的设想方案。

6.6　小结

包装是一个很好的信息载体，从填装地到消费地一直跟随被包装的产品。在物流管理中，利用带标签包装的数据可以提高供应链的追踪能力，进而提高物流绩效。

本章讨论了通过 ICT 追踪包装的能力。本章考虑了利用和管理包装追踪能力的必要性和挑战、对物流绩效的影响、为获得跟踪与追溯能力而进行的包装标识以及在组织间实施这些能力时的基本考虑因素。使用 ICT 追踪包装产品是一个复杂的问题，包装追踪系统的设计应考虑到 8 个属性（识别技术、追踪系统的范围、级别、属性记录、时间和地点登记、活动水平、数据组织和可及性）的影响。

本章还讨论了包装的追踪功能影响物流绩效的各种措施，强调为了利用追踪数据，需要使用这些数据。其表明，物流绩效最好的公司在供应链中有几个包装识别点，以便基于更及时和可靠的包装产品移动数据做出决策。绩效最好的公司还广泛共享追踪能力，并在组织间整合包装标签和注册系统。利用追踪数据需要 ICT 系统的决策支持，以便进行数据分析和采取连续行动。为了为包装提供决策支持，本章提出了 ICT 能力对组织影响的类型学。这包括为与 8 项 ICT 能力（分析、提供信息、把控顺序、去中介化、事务处理、跨地域、自动化和知识管理）有关的包装提供决策支持。通过考虑这些能力中的每一种，可以对包装的追踪数据进行分析，并以结构化的方式加以利用。

最后，本章讨论了如何在包装中实践追踪功能，特别是在跨组织的背景下。本章提出了组织间实践追踪功能的 5 个建议：明确动机、尽可能降低不确定性、针对投资和收益共享达成一致、深入了解包装知识和技术以及建立动态工作组。

7 可重复使用的包装系统

可重复使用的包装设计是可重复使用且不削弱包装保护功能的设计。因此，每个包装通常比一次性包装更坚固、更重且更昂贵。从物流的角度来看，可重复使用的包装需要逆向物流和对这一过程的管理。

可重复使用的包装在二级和三级包装方面具有许多工业应用领域。例如，汽车工业经常使用塑料板条箱系统用于其部件供应；食品生产商和农业经常在内部物料处理和分配中使用塑料板条箱用于面包、鱼、水果和蔬菜的包装。图7-1是南非一个农场的物料搬运示例。饮料也经常以可重复使用的包装分发。托盘，如欧洲标准托盘，是常见的可重复使用的三级包装类型。

图7-1 南非一个农场的物料搬运

7.1 可重复使用包装系统的特点

与一次性包装的比较说明了可重复使用包装系统的特点。

- 与一次性包装相比，可重复使用的包装具有更高的投资成本，因为它需要更坚固并且具有更好的保护功能。然而，这种成本应在多次使用中分配，因为可重复使用包装的运营成本比一次性包装涉及更多的活动。

- 可重复使用的包装会产生处理、储存、清洁、维修和管理的运营成本，而一次性包装通常只会产生处理和储存成本。

- 可重复使用的包装需要更多的管理投入，以进行逆向物流，并避免包装被盗、被损坏和位置错误。这些管理问题将在本节末尾讨论。

从环境角度来看，可重复使用的包装可以减少供应链中的包装浪费。然而，为了确定此类包装对环境的影响是否比一次性包装更好或更坏，需要一种系统方法，该方法包括衡量包装的其他环境影响，如运输效率和对产品浪费的影响。在目前的文献中，许多作者没有采取系统的方法。他们认为可重复使用的包装一定比一次性包装更环保，仅仅因为它被使用了几次。在某些情况下，可重复使用的包装更有利于环境，但在其他一些情况下，一次性包装更好。为了比较可重复使用包装系统与单向包装系统对环境的影响，应分析包装系统的体积效率以及包装材料、物料处理、运输和废弃物处理因素。有关如何分析这些因素并将可重复使用包装与一次性包装进行比较的见解，请参见第8章和第9章。从人体工程学的角度来看，可重复使用的包装通常更坚固，具有更好的稳定性，但也比一次性包装更重。可重复使用的包装也更倾向于使用标准化的尺寸，这有助于实现共同装载和其他效率方面的好处，但也有锁定效应的风险，即很难改变包装以满足新的产品类型、新客户和订单规模的变化。

7.1.1 可重复使用包装何时适用

可重复使用包装的适用性取决于供应链特征。可重复使用包装采用闭环流程，其中包括回程运输。这对一次性包装来说是没有必要的，但它确实产生了需要运输的废弃物。为了使回程运输的成本和环境影响最小化，距离应尽可能短，这意味着可重复使用的包装系统在短运输距离上更具竞争力。物流周期（从填装地到可重复使用的包装准备好再次投入使用的总时间）也会影响成本，并且应该尽可能短，以最大限度地减小车队规模。良好的标签和追踪系统也会影响车队规模，这可以防止包裹丢失和错放，并通过控制管理优化物流周期。此外，为了使可重复使用的包装在经济上和环境上有效，空包装的处理、分拣和清洁操作也应当是有效的。最后，强大的供应链领导者和致力于标准化可循环包装的行业联盟，将共同为可重复使用的包装系统提供支持（Twede and Clarke，2004）。

可重复使用包装的适用性还取决于影响其成本和工业使用环境效率的特定条件变量：体积效率、物料流类型和包装尺寸。

包装的体积效率极大地影响了可重复使用包装的成本和环境效率，因为包装内容物的特征（重量、尺寸、形状）决定了包装的内部体积可被利用的程度。

物料流类型对成本效率也有类似的影响。物料流类型是指制造工厂中包装的处理和移动，其也受到具有相同外部尺寸的包装中的产品或部件数量的影响。从物料处理的角度来看，如果内部体积更大，则需要更多内部处理（例如，包装产品的重新包装、拣选和移动）的组件在一次性包装中更具成本效益。这是因为一次性包装的体积效率减少了需要处理的包装件的数量，从而减少了每个部件的处理时间。同时，较大的包装会导致库存周转率降低，从而增加资金成本（如第 8 章所述），但通常不会超过减少的处理成本。

最后，包装尺寸会影响可重复使用包装和一次性包装的成本和碳排放量效率。在圆锥体的可重复使用包装中，较小的包装不太可能具有成本和碳排放量效率。这有几个原因，但最大的影响通常来自负载载体的体积效率。这意味着，如果可重复使用的包装是圆锥体的，那么相比较大的包装，较小包装负载载体上包装之间的空间更大。

7.1.2　可重复使用包装的管理：一项重要课题

可重复使用的包装需要良好的逆向物流管理。否则，存在周期长、被误放和盗窃以及包装损坏的风险，这导致高成本和供应不确定性。反过来导致需要更大的可重复使用的包装，这本身成本较高，并且需要更多的储存空间和清洁能力。因此，在供应链中的任何阶段，在追踪可重复使用包装方面具备适当的管理能力可以显著地提高可重复使用包装系统的效率。

7.2　可重复使用容器的类型

可重复使用的二级包装，通常被称为可重复使用的容器，可分为四种基本类型：可堆叠的、带盖可嵌套的、可堆叠且可嵌套的以及可折叠的。这些可重复使用的容器类型具有适合于各种条件的不同特征。表 7 – 1 比较了四种基本容器类型的特征。所有可重复使用的容器通常比类似尺寸的一次性包装更重，但也更坚固。

表 7 – 1　　　　　四种可重复使用容器基本特征的比较

特征	可堆叠的	带盖可嵌套的	可堆叠且可嵌套的	可折叠的
强度	结实坚固	坚固	坚固	较为坚固
可堆叠性	是	是（因为带盖）	是	是

特征	可堆叠的	带盖可嵌套的	可堆叠且可嵌套的	可折叠的
配送运输中的体积效率	高	良	合格	高
内部和外部体积	高体积利用率	容器可能嵌套减少了内部体积 盖子需要空间	容器可能嵌套减少了内部体积	高体积利用率
空包体积效率	低	良	良	高
特殊要求	—	圆锥体箱子需要盖子才能堆叠	方向决定了堆叠或嵌套	需要安装和折叠

可重复使用容器的四种基本类型描述如下。

• 可堆叠的容器通常是最坚固和最结实的，并且可以在没有盖子的情况下堆叠。这些容器在运输中体积利用率良好，因为内部体积占外部容器体积的大部分。因此，可堆叠容器中的填充率高。遗憾的是，可堆叠容器不能嵌套，这导致回程运输的体积效率低。

• 带盖可嵌套的容器需要有盖子以便堆叠。一方面，此类容器在运输中的体积效率略低于可堆叠容器的体积效率，因为可嵌套容器的侧面是圆锥体并且盖子需要一些空间。另一方面，由于其具有嵌套能力，回程运输的体积效率高得多。

• 可堆叠且可嵌套的容器可在两个方向使用。容器的方向决定了它是堆叠在另一个容器上还是嵌套在另一个容器中。嵌套能力在一定程度上减少了内部体积，但在去程和回程运输中仍然具有相当的体积效率。

• 可折叠容器通常最不结实，但通常仍然足够坚固。可折叠容器是可堆叠的，并且由于可折叠能力，在回程运输中需要的空间最小。由于其侧面可以垂直于底部，因此在去程运输中的体积效率高，这使内包装体积与外包装体积之间的比率最大化。可折叠容器的一个潜在缺点是它们需要竖立和折叠，这通常需要人工操作。

这四种容器类型都可以具有附加特征。带盖可嵌套的容器的一个特征是，要求盖子是可堆叠的，但是盖子也可以用于其他类型的容器，可以保护产品免受污染。另一个特征是包含手柄，手柄可以以多种不同的方式设计。一种特定类型的把手是钩环臂，既用作把手又用于改善容器的可堆叠性。可重复使用的容器还可以设计有穿孔，具有多个目的：可以通过促进空气流动来为所有产品保持相同的温度和新鲜度以维持产品质量，可以使内容物和填充水平可见，并减少容器重量。如第 5 章所述，当涉及标签时，可重复使用的容器能够更好地利用更昂贵的识别技术（如 RFID），因为容器可以被多次使用。其他特征还有滑动堆叠，这意味着容器可以在下面的容器上滑动到其堆叠位置。还可以设计可重复使用的容器，使得可以利用双重高度。例如，在运输中，可以敞开顶部垂直向上，但在货架上，敞开的侧面可以显于水平方向上以支持拣选。分隔器可用于分隔容器中的部分以进一步支持拣选。

7.3　可重复使用包装系统的控制方法

可重复使用的运输包装是逆向物流的一部分，逆向物流被定义为"物流在产品退货、来源减少、回收、材料替代、材料再利用、废弃物处置和翻新、维修和再制造方面的作用"（Stock，1998）。因此，逆向物流包括可重复使用的包装发挥作用的物料管理和物理分布。包装逆向物流系统涉及包装的运输、清洁、维护、储存和管理。在逆向物流系统中，包裹从发货方（包装填充者）到收货方（客户），再到另一个发货方（可以与先前的发货方相同）。在发货方和收货方以及下一个发货方之间，可以存在仓库和清洁设施方面的节点，如图 7 - 2 所示。

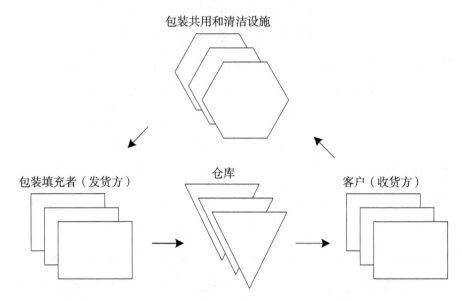

图7-2 逆向物流系统中可重复使用包装的发货方、收货方和可能的节点

可重复使用包装的逆向物流系统可以通过三种方式进行组织（Kroon and Vrijens, 1995）。它们是：①交换池系统；②具有逆向物流的系统；③没有逆向物流的系统。表7-2总结了这些组织可重复使用包装逆向物流系统的特征。

表7-2 三种逆向物流系统的特征

特征	交换池		有逆向物流	没有逆向物流
基本原则	每个合伙人都有一个配额		代理商负责逆向物流	集装箱租赁
责任	每个合伙人对自己的配额负责		代理商	发货方，也为逆向物流
投资	在用户间共享		代理商	代理商
合作伙伴	发货方、收货方	发货方、运输提供商，收货方	代理商、发货方、运输提供商、收货方	代理商、发货方

续　表

特征	交换池		有逆向物流			没有逆向物流
控制系统	直接交换	每次转换时交换	转运系统	可预订的仓库系统	带押金的仓库系统	容器租赁
优势	管理简单	管理简单 在系统中掌控包裹	发货方能够很好地掌控自己的包裹	对包装用户的管理最少 清洁和维护有规模经济效应 回程运输经济高效	回程运输经济高效 无须双向追踪系统 周期短 押金覆盖丢失的包裹	用户无须投资 经济风险低 包装体积易于处理、有弹性
劣势	周期长的风险包裹丢失的风险	运输提供商有额外的包裹库存	发货方的内部资源管理、清洁和维护没有规模经济效应	先进的IT架构频繁报告	先进的IT架构频繁的货币交易	给代理商租赁费 清洁和维护没有规模经济效应 发货方需要自己具备清洁和维护设备

在交换池系统中，每个合作伙伴都分配了包装。这意味着每个合作伙伴都要对自己分配的质量负责，包括质量控制、清洁、维护和储存。交换池中的伙伴是发货方和收货方，有时还包括运输提供商。在后一种情况下，运输提供商被分配了一些可重复使用的包装，这简化了发货方的管理工作。因为每次装载货物时，运输提供商都会用空包裹替换包裹。在只有发货方和收货方的情况下，运输提供商将装满的包裹从发货方运输到收货方，并将空的包裹以相反的方向运输。然而，每次两个方向上的包裹数量并不总是相同的。但是，必须有一个协议，即从长远来看，所有的空包裹都将退还给发货方。

在交换池系统和没有逆向物流的系统中（接下来将描述），包装可以专用于每个发货方或在不同的发货方之间共享。在专用设置中，发货方有自己的包裹类型（可以是相似的，但也可以是不同的），而共享设置意味着共享公共包装队列。逆向物流系统总是使用共享设置。相比之下，一方面，专用设置更容易管理，因为涉及使用包装的组织更少。这意味着共享设置需要更高级的管理和 IT 系统。另一方面，专用包装的总安全库存较高，因为发货方需要持有自己的库存。在共享设置中，安全库存可以集中保存。

基于汽车行业的模型，Zhang 等（2015）计算并比较了专用和共享设置的成本。他们发现，由于运输量、管道库存和安全库存较低，共享设置通常更具成本效益。为了最大限度地提高共享设置的成本效率，所有发货方都应该尽可能使用相同类型的包装。此外，如图 7 - 3 所示，对于每种货件类型，不同地理区域内（A—A 和 B—B）和不同地理区域之间（A—B 和 B—A）的运输量应尽可能平衡。

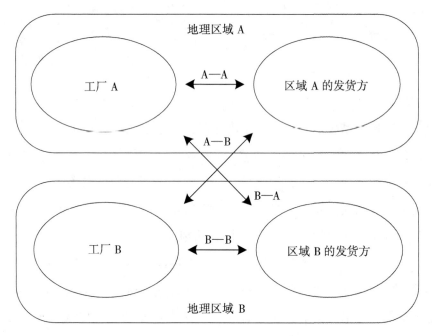

图 7 - 3　逆向物流共享设置中的主要运输流

在逆向物流系统中，代理商拥有并管理可重复使用包装的逆向流动。逆向系统中的其他伙伴是发货方、运输提供商和收货方。收件人应储存空包装，直到该代理商确定可以收集和返回一个成本效益高的包装量。逆向物流可以选择使用三种不同控制系统中的一种。

• 第一种选择是发货方起关键作用的转运系统。每个发货方都可以控制可重复使用包装的数量，因为它可以重复使用相同的容器。发货方负责清洁、维护、储存、管理和追踪其包装。

• 第二种选择是具有预订功能的仓库系统。其主要特点是将所有可用的空包装都储存在包装仓库中，进行清洁和维护。发货方从仓库订购可重复使用的包装，在使用后被运输到收货方，然后空包装会被退回包装仓库。中央机构的作用是追踪和控制预订系统中的包装物流。所有发货方和收货方在预订系统中都有账户。每笔交易涉及的包装数量都会在账户中登记。例如，当发货方获取一定数量的包装时，其账户中特定类型包装的数量将相应增加。当这些包装或其他数量的包装被发送到收货方时，发货方账户的实际数量将被扣除，并相应记入收货方账户。每笔交易包括包装类型、数量以及组织的名称和地址。

• 第三种选择是带押金的仓库系统。该系统的基本原则类似于第二种方法，因为可用的空包装储存在包装仓库中。不同之处在于包装订购系统。在带预订功能的仓库系统中，包装被预订，而第三种选择使用押金系统。每个组织都要向该机构支付一笔管理费。这种方法有三个好处。押金提供了返回包装的激励，这意味着不需要为此目的建立追踪系统（其他目的仍然可以受益于追踪系统），并且可以缩短使用中的包装的周期。押金还覆盖了丢失的包装。在该替代方案中，为每个包装设置押金，该押金应等于或高于包装价值（以覆盖丢失的包装并支持退货）。每次进行包装交易时，都要支付押金。图 7-4 说明了包装的流向和向相反方向

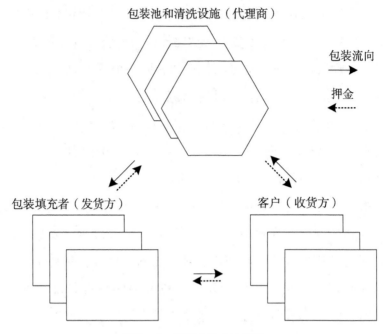

图 7-4 带押金的仓库系统

流动的押金。这个原则是发货方向代理商付费，收货方向发货方付费，代理商将押金退还给收件人。

　　最后，在没有逆向物流的系统中，代理商拥有一个包装池。在这里，发货方不必投资可重复使用的包装，这降低了他们的固定成本。在该系统中，包装填充者（发货方）向代理商支付所需包装数量的租赁费。在租赁期间，发货方全权负责清洁、维护、储存和追踪内部和来自客户（收货方）的逆向流动中的包装。当所有或一定数量的包装多余时，发货方将其退回给代理商。

　　对于这三种类型的逆向物流系统，有必要确定系统中包装的车队规模。为计算车队规模，应考虑物流周期、客户数量、需求变化、丢失包装的份额、维护时间和安全库存等因素，还必须确定仓库的数量和位置。为此，仓库的计算应考虑发货方和收货方的数量和位置，以及这些合作伙伴的包装数量。计算还应考虑包装仓库的投资和运营成本，特别是在规模经济方面。此外，即使每种逆向物流系统的控制系统决定了分配、收集和重新定位包装的一般原则，但这些原则背后的细节需要达成一致。例如，在交换池系统中，捆绑的空包装被返回给发货方，但是为了避免物流周期过长以及因此产生大量的包装，可以商定回程运输的最小频率。最后，需要确定所有系统的服务、分配和收集费用，这应当基于投资、运营成本和潜在利润。

7.4 小结

本章首先讨论了与一次性包装系统相比，可重复使用包装系统的特点。这表明，可重复使用的包装需要考虑来自搬运、储存、清洁、维护和管理的运营成本，而一次性包装通常只需要考虑搬运和储存成本。特别是，可重复使用的包装需要更多的逆向物流管理，以避免包装被盗、被损坏和位置错误。本章还阐明，为了确定可重复使用包装对环境的影响比一次性包装更好还是更差，需要一种系统方法。

为了确定可重复使用的包装系统是否比一次性包装系统成本更高或更低，或者对环境的影响相对更多或更少，本章讨论了条件变量和供应链特征。三个条件变量是体积效率、物料流类型和包装尺寸。供应链特征与运输距离、物流周期、空包装的有效处理、强大的供应链领导者对可循环包装的管理能力，以及能够管理可重复使用包装标准化的行业联盟息息相关。

本章进一步描述了可重复使用包装的四种基本类型：可堆叠的、带盖可嵌套的、可堆叠且可嵌套的以及可折叠的，还讨论了这些基本包装类型的附加功能（如盖子、手柄和穿孔）。为了管理这些可重复使用的包装类型，需要逆向物流系统。

本章的最后部分，讨论了三种类型的逆向物流系统的特征和组织。

在交换池系统中，每个合作伙伴都分配了包装。逆向物流系统的特征是有一个负责和管理可重复使用包装的逆向流动的代理商。在没有逆向物流的系统中，基本原则是用户从拥有一个包装池的代理商处租用可重复使用的包装。

8 工业包装评价

工业包装用于物料供应。工业包装的主要目的是保护产品，促进高效生产、物料处理、仓储和运输过程。它与消费包装的主要区别在于其缺乏促销和销售特性。工业包装的特性对供应链的经济、环境和人体工学性能产生影响。对人体工学性能的影响主要体现在物料处理方面，如搬运和清空包装、拣选和重新包装。虽然工业包装的人体工学方面很重要，但本书重点关注经济和环境因素。因此，在本章中，我们假设包装系统的人体工学要求已经得到满足，现在可以对经济和环境性能进行评估。

为了对包装的影响进行全面环境分析，需要采取多种措施，如二氧化碳排放、能源消耗、水资源消耗、富营养化和填埋。这可以在生命周期评估（LCA）中体现，但这种方法资源密集，需要专业知识来解释结果。在 LCA 中，每个组件都需要单独评估。本章以二氧化碳排放为模型，因其代表性强，二氧化碳是反映环境影响的常用衡量指标；数据可得性强，基础研究可提供相关数据。在评估中，二氧化碳排放可轻松替换为能耗数据。关注能源的主要好处是所有能源来源都得到了分析，既包括产生二氧化碳的能源，也包括不产生二氧化碳的能源，如核能和水力发电。因此，可以确定可获得的总能源效率。关注二氧化碳排放的主要好处是强调了全球变暖的风险。这种对二氧化碳排放的关注假设减少化石

能源消耗比减少非化石能源消耗更为紧迫。

工业包装影响许多过程，如采购、物流、生产、仓储和回收。通过为工业包装制定明智的选择原则，其中考虑了多种权衡，并了解包装决策的影响，可以获得更具竞争力和效率的供应链。随着供应链复杂性的增加、供应链日益全球化以及交货期缩短等，为工业包装做出明智的选择就变得越来越具有挑战性。此外，在供应链实践中，通常侧重于渠道领导者的要求。例如，在汽车行业中，生产要求对工业包装的选择起到决定性作用。然而，通过将其他功能和渠道合作伙伴的包装要求与现有要求纳入结构化分析方法，研究和经验表明，更明智的权衡存在降低成本和二氧化碳排放的潜力。本章提出了一个采用这种方法的评价模型。首先，本章讨论了一个通用供应链及其工业包装的系统边界；其次，以此为背景，本章从成本和二氧化碳排放因素两个维度介绍并探讨了评价模型的内容。最后，本章提出了评价模型的分步开发和实施框架。

8.1 工业包装应用的系统边界

为了评估包装的总成本和二氧化碳排放及其在整个包装生命周期的供应链中的利用率，应采用系统视角。明确系统边界至关重要，必须涵盖包装材料的生命周期以及从填装地到消费地包装使用过程中产生的经济和环境影响。图8-1展示了通用供应链中工业包装的系统边界。这些系统边界反映了包装材料及其可回收性或材料回收的成本和环境影响的净效应。这些边界还反映了包装对运输、储存、物料处理和废弃物处理或再利用的影响。

图8-1展示了同时使用一次性包装和可重复使用包装的系统。这两种类型的包装均由包装供应商生产，并交付给组件供应商。一次性包装通常可以压缩，从而提高运输效率，而可重复使用包装则根据包装类型

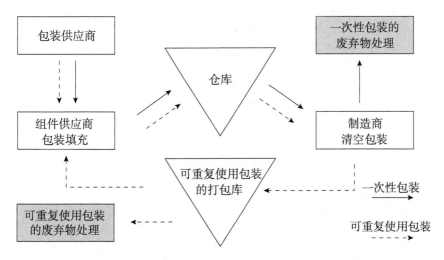

图8-1　通用供应链中工业包装的系统边界

（见第7章）需要更多空间。在组件供应商处，进行包装填充，然后将包装系统装载到车辆上运输到仓库。填充过程涉及整个包装系统。例如，可以是带有或不带收缩包装塑料薄膜的托盘上的组件二级包装。在仓库中，组件可能被重新包装以形成新的包装系统，然后装载到新的车辆上运输到制造商处。空包装被运输至回收设施（一次性包装）或包装仓库以备再利用。经过一定次数的使用后，可重复使用包装也被运输至回收设施。这两种运输在距离、车辆类型和负载系数方面可能有所不同。一次性包装通常被压缩，而可重复使用包装则被堆叠。在包装仓库中，可重复使用包装被清洗然后重复使用。

8.2　工业包装系统评估的成本和二氧化碳排放驱动因素

五个因素（包装材料、运输、物料处理、废弃物处理和资金）驱动供应链中工业包装的总成本。类似地，四个因素（相同因素减去资金）驱动二氧化碳排放的总影响。这些因素的性能受到组件特性和包装系统体积效率的影响。图8-2描述了这些因素。

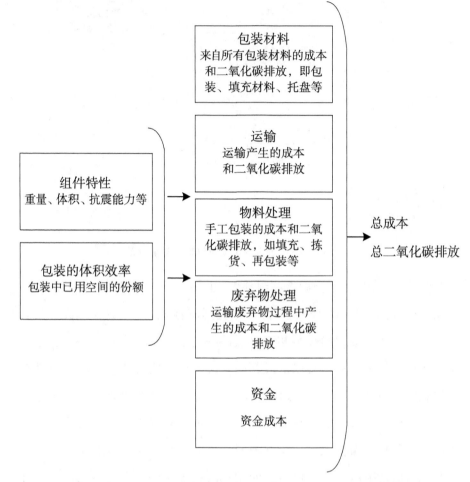

图 8 - 2   计算包装对供应链成本和二氧化碳排放产生影响的驱动因素

包装系统的体积效率在每个过程中都要考虑（例如物料处理和运输效率）。它决定了包装系统中已使用空间的比例，即初级、二级和三级包装中的已使用体积总和。如果初级包装中的已使用空间为80%，二级包装为50%，三级包装为70%，则包装系统中的已使用总体积为28%（0.8×0.5×0.7）。这会影响图8-2中五个因素的成本和二氧化碳排放。包装的体积效率对于成本和二氧化碳排放的环境和经济标准相似，但其值因供应链的不同部分而异。例如，包装系统可能会被重新包装。因此，应为供应链的每个部分单独计算包装的体积效率。

　　包装材料因素涵盖所有包装材料的成本和二氧化碳排放。包装生产需要原材料和加工材料所需的资源。包装材料因素不仅包括包装，还包括所需的附加材料，如拉伸薄膜或瓦楞纸板的中间层。与包装材料因素相关的成本和二氧化碳排放的其他例子包括采购、搬运、储存以及维修和维护。对于可重复使用包装，应包括与包装服务、分配和收集相关的管理费用，以及管理可重复使用包装系统的薪水和信息系统投资成本。一次性包装的管理费用在废弃物处理因素中考虑，因为它涉及收集费用。一次性包装的包装材料成本很简单，因为它在使用后会被废弃。在计算可重复使用包装的材料成本时，需要考虑包装在回收前使用的次数。计算包装制造业产生的二氧化碳时应考虑回收材料的比例。

　　运输因素涵盖所研究系统中多个部分的运输影响。在图 8-1 中，运输发生在六条不同的路线上，例如从包装供应商到组件供应商，以及从组件供应商到仓库。在图中，箭头代表运输，每个运输阶段都可能涉及多式联运。例如，在从亚洲到欧洲的全球供应中，卡车运输到港口后可以通过海运，然后再用卡车运输到仓库。在这些多式联运情况下，应在单独计算后汇总每次运输的成本和二氧化碳排放。为了确定运输成本和二氧化碳排放，需要以下变量：所用运输方式的成本和二氧化碳排放、运输距离、空驶、负载系数和车辆中的等效最大容量。如果返回路线的车辆未得到利用，则应包括空驶的成本和二氧化碳排放。车辆的最大装载能力有助于将车辆的成本和二氧化碳排放分配给一个包装（并在下一步分配给一个组件）。每个包装的车辆成本和二氧化碳排放通过确定车辆中假设最大包装数量（如果车辆仅使用该类型包装系统），然后用车辆的二氧化碳排放/成本再除以该数字来估算。与废弃物处理相关的运输在废弃物处理因素中评估，这意味着可重复使用包装（如托盘）的返回运输成本和二氧化碳排放也在其中计算。

物料处理因素体现了制造工厂和仓库中的包装活动。为了估算物料处理的成本和二氧化碳排放，需要绘制工厂和仓库中的物料流。这些流动包括拣选、分配、移动、重新包装、卸载等活动。如果可能的话，建议规划和定义类型流动，并将组件（产品）和包装类型与不同流动相关联。例如，一种包装类型中的组件首先被储存，然后用叉车移动到另一个区域，随后放在输送带上转移到消费地。另一种包装类型中的组件可能被重新包装到不同的包装中，然后放在牵引车上送达消费地。

正如这些例子所示，每种类型流动的成本和二氧化碳排放各不相同。物料处理的成本来自手动和自动处理的劳动力和设备成本。物料处理的二氧化碳排放来自物料处理设备（如叉车、输送带或工业卡车）所需的能源，还来自包装所需的仓库空间。将仓库建筑的二氧化碳排放分配给包装的一种方法是估算包装占总仓库空间的比例。由于目标是计算使用特定包装系统对组件的成本和二氧化碳排放效率，体积效率因素是确定物料处理效率的关键。例如，在手动处理中，对于包含许多组件的包装，每个组件的处理时间远少于包含少量组件的包装。物料处理活动中效率的另一个重要考虑因素是多个包装是否可以同时处理。例如，如果叉车可以处理两个包装系统而不是一个，则其对每个组件的影响减半。

废弃物处理因素包括包装系统，以及因包装不足而损坏的组件的废弃、回收和再利用的成本和二氧化碳排放。这一因素的变量对于一次性包装和可重复使用包装有所不同。一次性包装的成本和二氧化碳排放是指废弃物的储存、运输和回收。对于可重复使用包装，成本和二氧化碳排放是指空包装和包装废弃物的储存和运输，以及包装清洁、包装回收或能源回收。在评估中应考虑可重复使用包装的使用寿命。例如，如果一个包装在使用25次后被移除并回收，则废弃物处理因素的总成本和二氧化碳排放应除以25，以分配给组件。对于可重复使用包装，特别是高价值包装（如滚笼相当昂贵且应用领域广泛），存在因盗窃而丢失包装的风险。

此外，如果再循环或材料回收产生了经济收益或来自正能源输出的二氧化碳排放，则应在废弃物处理因素中考虑。因此，从包装废弃物中提取的能量减少了包装在生命周期中的总能耗。

资金因素是指库存中包装组件的资金成本。该成本取决于组件的储存时间。通常，一次订购的物品越多，储存时间就越长。如果原则上包装必须装满后才能装运，那么较大包装尺寸的经济订货批量（EOQ）就高于较小包装尺寸。因此，如果满足订单所需的组件数量超过经济订货批量（由于包装尺寸），则平均储存时间会更长。例如，假设经济订货量为10，但包装容纳8个组件。如果包装容纳5个组件，则可以订购确切的 EOQ，即两包装各5个组件。然而，如果每个包装有8个组件，那么使用所有16个组件所需的时间会更长，从而增加平均储存时间。（请注意，此例中的组件被认为太重，无法放在一个包装中。）因此，一方面，资金因素的影响可能会随着包装尺寸的增大而增加，但另一方面，运输和物料处理因素的影响通常会随着包装尺寸的增大而减少。

其他因素也受到包装尺寸的影响。因此，为了评估总影响，有必要计算这些因素的组合影响。为此，应考虑每个因素的成本和二氧化碳排放驱动因素。表8-1总结了这些情况。例如，要计算运输成本，需要知道所用运输方式的每千米成本、运输距离以及与交付相关的空驶千米数。为了描述使用特定包装系统的每个组件的运输成本（即使用特定包装系统的每个组件的运输成本），还需要知道车辆的负载系数和包装占用的空间比例。后者可以通过确定正在分析的包装类型在车辆中的最大包装数量来计算。这可以受到车辆最大重量或最大体积的限制。车辆到特定包装的成本和二氧化碳排放比例是包装与车辆中最大包装数量的比例乘以负载系数。例如，如果一辆卡车可以装载 48 个托盘，每个托盘有 12 个包装，则卡车中的最大包装数量为 576。如果装载率为 70%，则一个包装的卡车成本与二氧化碳排放比例为 1/（70%×576）≈0.25%。出于比较原因，如上所述，该值应分配给组件，即如果包装有 5 个组件，则每个组件的运输成本和二氧化碳排放比例为 0.05%（0.25%/5）。

表 8－1　　　　　影响工业包装供应链评价的因素和变量

因素/变量	成本动因单位	CO_2 动因单位
初级包装填充度	%	%
二级包装填充度	%	%
三级包装填充度	%	%
包装材料		
包装材料	成本/kg	CO_2/kg
包装材料重量	kg	kg
包装生产中的初级能源消耗	N/A	CO_2/包
包装投资	成本	N/A
管理（服务、分配和收集）	包装件数量*	N/A
运输		
运输方式	成本/km	CO_2/km
运输距离	km	km
空载	km	km
负载系数	%	%
运输中的最大等效容量（包装件数量）	数量	数量
物料处理		
物料处理中的搬运	成本/h	CO_2/h
需要的仓储空间	成本/m^2 每年	CO_2/m^2 每年
分类	成本/h	N/A
打包过程	成本/h	CO_2/h

因素/变量	成本动因单位	CO_2动因单位
废弃物处理		
清洁/再利用	成本/h	CO_2/h
包装损耗	成本/包	CO_2/包
回收	成本/h	CO_2/h
包装废弃物的装运	成本/吨公里	CO_2/吨公里
包装废弃物	成本/kg	CO_2/kg
产品收缩率	成本/产品	CO_2/产品
资金		
库存中包装组件的资金成本	利率、储存时间	N/A

注:* 更全面的成本驱动因素结合了包装车队规模、参与者数量和包装类型数量。

本节描述了一种分析结构以及用于估算包装系统对成本和二氧化碳排放总影响的驱动因素。下一节将详细阐述如何将这些因素组合成一个评估模型。

8.3　制定包装评价模型的准则

每次使用工业包装进行物料供应时,组件(产品)类型、供应商距离、物料处理、储存时间等的独特组合都会影响物流绩效。如果没有详细计算,几乎不可能选择最有效的包装系统解决方案。在汽车行业的一项研究中,基于本章讨论的因素,开发并应用了一个分析模型。该模型考虑了包装材料和废弃物处理活动,以及从物料供应商填装地到制造商工厂消费地受包装系统影响的所有活动。该模型的逻辑和基本结构是由Pålsson 等（2013）开发的,然后由 Wallström 和 Pålsson 应用和细化（Carlsson et al.,2015）。该模型已在汽车行业的多家工厂实施,使公司能够在运营和战略上做出明智的包装决策。

　　除了为用于实际操作的包装选择提供准确的决策支持，计算包装对供应链中成本和碳排放量影响的分析模型还有助于其他决策。例如，它可以在以下方面提供帮助：为包装选择制定指导方针；决定在材料供应中是否使用重新包装方案；选择最合适的包装尺寸；为供应链管理、采购和生产提供战略决策支持。关于模型价值的更多细节可以在第 9 章中找到，第 9 章讨论了工业包装的决策支持，首先是一般性的决策支持，然后是包装选择原则。

　　此处提出的工业包装环境影响评价模型遵循生命周期评估（LCA）的逻辑，因为考虑了包装的生命周期，以及从包装供应商到包装使用终端和废弃物处理端的包装使用情况。然而，此处提出的评价模型与 LCA 不同，因为它同时包括经济和环境特征，并且只考虑了碳排放量对环境的影响。此处提出的模型可以用于以类似的方式计算其他环境指标，但这需要捕获额外的数据。如果将不同的指标组合起来，则决策指标的解释变得更加复杂。该模型应包括包装材料的成本和碳排放量的净效应及其可回收性或材料回收率，以及包装对组件供应、运输、储存、物料处理和废弃物处理或再利用等的影响。包装系统的体积效率应考虑每个因素，如物料处理。

　　评价模型的依据应该是使用特定包装系统的总成本和碳排放量影响。该模型应考虑到包装材料的直接影响和包装在供应链中使用的间接影响。如本章所述，经济特征的计算应基于成本，而环境特征的计算可基于碳排放量。

　　有两个例子可以评估与可重复使用的包装系统相比，使用一次性包装系统的成本是更高还是更低，或者评估几种不同包装尺寸中的哪一种是最具低成本和碳排放量效率的。包装组件的数量是货物流和不同流之间的最小公分母。因此，为了获得总成本和碳排放量的比较数字，应按每个组件进行计算，即包括多个组件的包装的总成本或碳排放量除以组件的数量。同样的逻辑也适用于其他因素，如运输、物料处理和包装材料。每个因素显示了使用包装系统 X 的每个组件的成本和碳排放量，通过汇总每个组件的成本或碳排放量驱动因素来评价每个组件的总成本或碳排放量。使用包装系统 X 的总成本或总碳排放量可以与使用包装系统 Y 和 Z 的相应数字进行比较。

8.4　拟定的开发步骤

从瑞典汽车行业开发和实施工业包装系统评价模型的研究项目中，我们学到了很多经验（如 Carlsson et al.，2015；Pålsson，Finnsgård and Wänström，2013；Pålsson，Wallström and Johansson，2014），其中 Wallström 在模型的运作中发挥了关键作用。基于本研究和图 8－2 中的因素，本节提出了一种开发工业包装评价模型的方法。

勘查和收集有关流程的基本经验数据，以了解供应链特征。以此为基础，可以按照本章所述的分析结构和因素内容，创建评价模型的一般结构。这样的一般结构应体现和描述过程流、活动以及一般产品和包装特征。依赖于具体背景的数据应在稍后添加。例如，这可以是具体工厂的活动或仓库中的特定处理时间。再如，在研究项目的实施阶段，来自三个工厂的具体数据被输入到模型中以提供背景。每个工厂都有五种相似类型的物料流，但工厂之间的活动顺序和时间消耗不同。然而，流向三个工厂的运输数据相似。在其他情况下，这将是不同的。

在研究项目中，模型成功实施的关键是与所有职能领域的代表持续对话。这是在组织内部会议和讲习班上进行的。尤其重要的是，模型的逻辑和结构以及其中的数据反映了现实。这确保了该模型是可信的，并且适用于组织的不同部分。简言之，工业包装评价模型的开发和实施可

以包括以下步骤。

（1）组成一个全面的组织内部项目小组，由生产、整体采购、战略采购、供应链管理、物流、包装、环境、IT 和运输部门的代表组成。

（2）确定系统边界，包括工厂数量。

（3）进行流程规划和初始数据收集，了解供应链特性和物料流。

（4）首先，选择一个工厂，并选择向该工厂供应组件的所有物料流。

（5）根据图 8 - 2，结合收集的初始数据，形成评价模型的草案。

（6）与组织内部项目组的代表讨论评价模型草案中的结构、内容、详细程度、物料流等。

（7）通过组织内的持续讨论将草案扩展为第一个完整版本。

（8）在项目组中讨论评价模型的第一版。

（9）根据步骤（6）的输出更新评价模型，并在需要时添加更详细的数据。这将产生第二（第三、第四等）个版本。

（10）在项目组中讨论评价模型的第二（第三、第四等）个版本。如有必要，请返回步骤（7）。

（11）为第一个工厂启动评价模型的最终完整版本。

（12）按照步骤（1）—（11）启动、调整其他工厂的分析模型。这将是一个比第一次迭代更顺畅的过程。

此过程的关键是执行可与项目组讨论的迭代步骤。这有助于在数据中获取足够充分的细节，并在组织中建立评价模型，这对于利用其能力是必要的。这些与供应链实践的决策支持有关，这将在下一章讨论。还应注意的是，需要进行大量的工作来收集有关运输、物料处理、废弃物

管理、包装材料、仓库管理和行政方面的成本和碳排放量相关数据，还
需要各种数据来源和观察结果。

8.5 小结

本章重点介绍了工业包装以及如何从经济和环境角度对其进行评价。
工业包装的主要目的是保护产品，促进有效的生产、物料处理、仓储和
运输过程。明智的工业包装选择原则有助于实现一个更有竞争力和更高
效的供应链，这些原则考虑了多个权衡因素，包装决策的影响也是已
知的。

本章提出了一个评价模型，该模型使用结构化的方法从系统的角度
来评价工业包装的供应链绩效。该评价模型综合考虑了经济和环境两方
面的影响。最初，本章讨论了一个通用的供应链及其相对工业包装的系
统边界。这是评价的第一步。然后，本章从成本和碳排放量驱动因素方
面提出并讨论了评价模型的内容。

该评价模型包括五个因素（所有这些因素都影响成本，有四个碳
排放量驱动因素），驱动供应链中工业包装的总成本和碳排放量，这五
个因素是包装材料、运输、物料处理、废弃物处理和资金（成本因
素）。这些因素的效率受组件特征和包装系统的体积效率的影响。包装
材料因素涵盖了所有包装材料的成本和碳排放量。运输因素包括运输在
所研究系统多个部分的影响。物料处理因素体现了产生成本和碳排放量
的包装活动，例如制造工厂和仓库中的包装拣选、分配、移动、卸载和
重新包装。废弃物处理因素包括包装系统以及因包装不足而损坏的组件
的废弃、回收和再利用的成本和碳排放量。资金因素是指库存中包装组
件的资金成本。

如果没有详细的计算，不太可能选出最有效的包装系统解决方

案。这是因为对于用于材料供应的工业包装的每次使用，组件或产品的类型、供应商距离、物料处理、储存时间等的独特组合都会影响物流绩效。

最后，本章为一种评价模型提出了一个逐步开发和实施的结构，目的是根据在一项研究中获得的经验，提出一种为工业包装系统开发评价模型的方法。

9 工业包装的决策支持

本章讨论工业包装的决策支持和选择原则，还通过说明这些原则在多个实际案例中对成本和二氧化碳排放的影响，强调了这些原则的可能性。如前一章所述，工业包装的经济和环境影响可以从五个成本因素，即四个二氧化碳排放因素——包装材料、运输、物料处理、废弃物处理和资金（仅为成本因素）来确定。为了提供指导和制定工业包装的选择原则，需要考虑这五（或四）个因素的综合影响，它们显示了供应链总成本和二氧化碳排放。

9.1 工业包装评估的决策支持领域

如前一章所述，工业包装（如尺寸、可重复使用或一次性包装、托盘上的满装或EOQ、是否重新包装等）在物料供应过程中的特性和设置会影响供应链成本和二氧化碳排放。然而，确定总成本和总二氧化碳排放是一项复杂的工作。这是因为它是与五（或四）个因素——包装材料、运输、物料处理、废弃物处理和资金（见图8-2）相关的直接和间接成本及二氧化碳排放的组合。第8章描述了一种分析结构和用于计算和分析这些因素组合的模型。通过将这种方法应用于工业包装的汇总层面，公司可以为工业包装和物料供应生成决策支持。这些类型的决策支持在日常业务运营中很有用，有助于计算新组件的工业包装解决方案的成本和环境影响，或响应组件包装解决方案或物料流动所需的更改请求。它们还有助于制定工业包装的选择原则。本节解释了可以从这些对工业包装的全面评估中开发哪些类型的决策支持和分析，并描述了这些评估如何为设计物料供应过程的指南提供输入。

一个包含成本和二氧化碳排放因素的评估模型可以在多个领域提供决策支持。第一，它可以强调每个成本和二氧化碳排放因素的相对重要性。这有助于理解影响较大的因素（即在哪里降低成本和二氧化碳排放），并确定是否值得努力使给定因素更高效。例如，如果评估显示一个组件的物料处理成本占总成本的40%，那么如果可以提高物料处理效率，则可以省大量成本。然而，如果它仅占总成本的5%，那么节省的潜力将相当低。在这种情况下，将改进努力集中在其他因素上会更有价值。类似的例子可以用二氧化碳排放来说明。

第二，评估模型可以从生命周期角度计算供应链中的总成本和总二氧化碳排放。通过对每个组件、组件组或所有组件进行此类分析，可以了解供应链中成本和二氧化碳排放的来源。在利用现有工业包装系统创建参考点后，可以对考虑中的系统进行可比计算。这将显示各种包装系统之间的成本和二氧化碳排放差异。一个具体的战略比较是一次性包装或可重复使用包装系统之间的比较。这两种工业包装系统的单个成本和二氧化碳排放因素通常各不相同。通过评估总成本和二氧化碳排放因素，可以获得对供应链效率的见解，并突出显示每个包装系统中需要最多关注的因素。

第三，在确定是否使用一次性或可重复使用包装，或两者的组合后，评估模型可以评估不同的包装替代方案。它可以应用于估算包装体积利用率的成本和二氧化碳排放影响。例如，如果包装系统的体积没有得到充分利用，或者如果包装系统的尺寸稍作改变就能使组件数量增加的比例超过正比，则可以确定总影响。该模型还可以用于确定使用不同包装尺寸的成本和二氧化碳排放影响。在这种情况下，一些因素的价值会增加，而其他因素会减少。该模型可以显示组合效应，这通常不是直观的。

决策支持的另一个领域是使用托盘还是集装箱。通过改变托盘或集装箱上的二级包装数量，可以深入了解满载托盘或不满载托盘的总供应链效率。满载托盘提高了运输和物料处理效率，而不满载托盘降低了资本成本，特别是对于低量组件，因为这些组件的周转率较低。在某些情况下，公司希望通过使用批量运输（例如，使用带有领圈而没有二级包装的托盘）来最大化运输效率。然而，制造工厂可能仍然需要较小的包装，这需要重新包装。评估模型有助于决定是使用批量运输并重新包装成较小包装，还是从填充点交付小包装。

此外，评估模型还可以为规模效应提供决策支持。在临界点，单独计算的包装解决方案在组合时可能不是成本或二氧化碳排放效率最高的。例如，组件供应商可能需要储存和处理多种包装尺寸，但只储存少数几种可能更具成本效益。因此，对供应商、地区或包装选项数量的总规模效应的评估支持决策制定。注意：规模效应可以与一次性包装和可重复使用包装之间的比较相结合，以识别这两种包装中的不同替代方案。

基于这些因素的评估模型还可用于挑战和理解指导物料供应决策的既定且优先的原则的影响。这是因为这些原则影响工业包装的选择，进而影响成本和二氧化碳排放。指导原则可以是包装尺寸应覆盖几个小时的生产时间、优化生产过程中的空间利用率、最小化总供应链成本或最小化供应链中的总二氧化碳排放。这些原则中的每一个通常会产生四种不同的包装解决方案，具有四种不同的成本和二氧化碳排放影响。指导原则可能导致不同的包装尺寸和重新包装，这将影响大多数因素。

考虑到五个成本和四个碳排放量因素的评价，从整体的角度来看，主要有助于工业包装的决策支持。但是，它们也可以增加跨职能和组织

间的协作，以降低供应链成本和碳排放量。以上提出的使用工业包装的间接的积极影响是促进了跨职能和外部合作。之所以这样做，是因为需要在多个职能部门和供应链参与者的要求之间做出权衡，许多要求来自组件供应商，经过运输供应商再到仓库、工厂和包装回收的利益相关者。为了做出明智的权衡，合作是必要的。这种影响不应该被忽视。

9.2 工业包装的选择原则

包装选择原则是选择包装的基本规则。这些原则应就如何尽量减少和管理供应链成本与包装对环境影响之间的权衡提供指导，还应该考虑人体工程学方面和实际限制（如空间限制），但这里的重点是经济和环境影响，如第8章所述。人体工程学方面和实际限制可以作为最终条件包含在选择原则中。从经济和环境角度来看，包装选择原则应超越包装的直接和间接影响，还应包括如何计划和组织材料供应的影响。包装的直接和间接影响以及材料供应的影响有相当大的成本降低和碳减排潜力，这将在本章中说明。本节解释了工业包装的一些选择原则。

9.2.1 采购和生产策略原则

与工业包装相关的一个原则主要基于采购和生产策略，以及它们如何运作。这对材料供应的效率有相当大的影响，因为这些策略指导了订货频率、订货规模和交货期。因此，指导材料供应的两个选择是：最小化总成本或最小化总环境影响。第三种选择可以是订单应涵盖一定的生产时间段。第四个不那么全面的选择是最小化库存成本。作为第五个选择，材料供应指导的一部分可以是最小化包装材料成本。除了这些，还有一些其他可行的方法来指导材料的供应。然而，关键是，材料供应和生产效率的目标影响包装效率。例如，如果材料供应的目标是支持以最小的库存成本及时交货，则某些包装解决方案的特征会得到支持，而如果目标是使包装材料、运输、库存和物料处理的总成本最小化，则包装解决方案的其他特点是可取的。在第一个即时交货的例子中，小的包装尺寸利于频繁的订单和小的订单数量，并且不必重新包装也不会导致库存。在总成本示例中，类似的包装解决方案可能是最有效的，但是如果运输距离较长，则使用散装运输并在供应链下游重新包装成较小的包装可能更具成本效益。这是一个确定最具成本效益的包装解决方案的复杂问题，因为从总成本的角度来看，有五个因素要考虑。因此，前文所提出的模型是有用的。

9.2.2　一次性或可重复使用包装原则

工业包装的第二个原则是是否使用一次性或可重复使用的包装，或两种组合起来的包装。许多环境因素的组合，如运输距离、工厂中的物料流类型和产品特征，都决定了包装的总供应链效应。可重复使用包装的行业联盟和有影响力的供应链领导者的存在也促进了可重复使用包装的使用，而一次性包装供应商的存在促进了这种包装的使用。产品特征可以各自影响一次性或可重复使用包装的重量和体积效率。一方面，在可重复使用的包装装满之前，重型产品可能会达到最大搬运重量，因为可重复使用的包装比一次性包装更重。另一方面，一次性包装可能不够坚固，无法处理沉重的产品。以类似的方式，与圆锥体可重复使用包装相比，某些产品的形状可利用长方体一次性包装中的附加内部体积，而其他产品不能。因此，为了选择何时何地使用一次性和可重复使用的包装，需要针对特定选择分析环境因素和产品特征的成本和环境影响。

9.2.3 包装尺寸原则

工业包装的第三个原则是包装尺寸，这既是战略性的，也是操作性的。首先要考虑的是包装组件的日消耗量和年消耗量。在一定程度上，消耗量越低，包装尺寸越小。大包装可能导致工厂中不必要的库存和空间利用。另外，工厂当年的包装组件消耗量超过各种包装尺寸的满托盘数量时，必须考虑其他供应链特征。

包装尺寸影响拣选、运输、搬运等方面的效率。当组件被挑选用于组装或改进时，还影响制造过程的有效性和效率。例如，小包装可能更容易获得并且可以为装配线上的其他部件释放空间。但是，包装尺寸不仅关乎总体积，还关乎形状。与具有短边的高包装相比，有长边的矮包装可能更容易获得并且需要更少的拣选时间来清空。选择包装尺寸的另一种方法是通过使用重新包装来推迟最终包装解决方案。图 9－1 给出了一个示例，其中每个托盘的组件数量在带套环的托盘中（1500 个组件）比现成组件（1200 个）多 25%。但是，在进入生产工厂之前，需要重新包装托盘中带有套环的组件。如果运输受到体积的限制，带套环的托盘替代品的成本和碳排放量大约高出 20%（由于重量增加，每辆卡车的燃料消耗量略有增加，但与额外的组件不成比例），但需要权衡额外的重新包装成本。因此，如果图 9－1 中的运输距离 A 足够长，使得提高的运输效率超过了额外的重新包装成本，则带套环的托盘是最具成本效益的。从环境的角度来看，无论重新包装的效率如何，这种替代方案都可能是最有效的，特别是在重新包装是手动完成的情况下。

9.2.4 规模效应原则

工业包装的第四个原则是基于潜在的规模效应。包装解决方案的规模经济和环境影响是可以确定的。

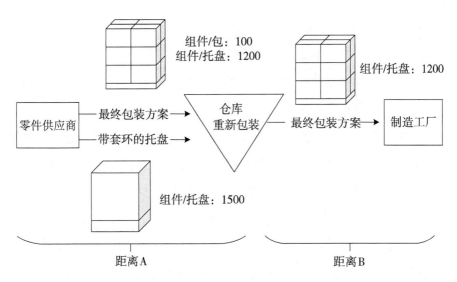

组件/包：100
组件/托盘：1200

组件/托盘：1200

零件供应商 ——最终包装方案——→ 仓库重新包装 ——最终包装方案——→ 制造工厂

——带套环的托盘——→

组件/托盘：1500

距离A　　　　　距离B

图 9 - 1　重新包装和未重新包装的立方利用率图示

　　例如，对单个组件的包装解决方案的分析可以为某个供应商或运输提供商或地理区域提供大量的包装解决方案。这意味着单独的分析显示，第一种包装类型对于第一种组件是最有益的，第二种包装类型对于第二种组件是最有益的，第三种包装类型对于第三种组件是最有益的，等等。然而，规模效应可以显示，对某个供应商、地理区域等减少使用独特包装类型将是有益的。由于共同装载的挑战，包装类型过多可能导致物料处理或运输的效率低下（除非不同的包装解决方案是模块化的）。这也可能需要不必要的安全库存，因为供应商和地理区域需要为其使用的每种包装类型持有库存，以应对不均衡的需求。为每一种包装类型持有额外的安全库存会增加车队的总规模。更多的包装类型也增加了管理的复杂性和成本。

　　为了考虑规模效应，需要分析修改单个包装解决方案的总供应链成本和碳排放量影响。一种经过验证的分析方法包括以下步骤。

　　（1）确定若干供应商或一个地理区域进行分析。

　　（2）确定这些供应商或地理区域内使用的不同包装类型的数量。

　　（3）确定用于大批量组件的包装类型。

（4）减少包装类型的数量。

（5）分析总成本和碳排放量影响。

（6）将成本和碳排放量影响与物料处理、行政管理、车队规模和安全库存方面的潜在节约进行比较分析。

应首先确定要分析的供应商数量或地理区域。然后，应确定这些供应商或地理区域内使用的不同包装类型的数量。之后，确定体积最大的包装类型。此后，最少使用的包装类型可以改变为在包装类型的新配置的可能场景中保持的最接近尺寸。要决定是否应该使用新的包装配置，应计算变更后的包装类型的总供应链成本和碳排放量影响。应将这些影响与物料处理、行政管理、车队规模和安全库存方面的潜在节约进行比较。在某些情况下，规模效应体现了节约，但在其他情况下，原始包装类型是最具成本和碳排放量效率的包装类型。此外，步骤（4）中最少使用的包装类型的数量没有确定的值。因此，应使用步骤（4）—（6）进行许多不同的分析。在这些分析中，分析单元可以首先是供应商，然后是地理区域。

9.2.5 体积和重量利用率原则

最后，工业包装的第五个原则涉及包装系统的体积和重量利用率。这里指的是利用包装系统的容量。例如，订单数量可能显示应提供的二级包装或托盘不足。对于订购数量导致包装不完整的组件，应分析在供应链中填充二级包装和三级包装（如托盘）的经济和环境影响。填充包装降低了物料处理、运输的成本以及在一定程度上降低了包装材料的成本，而存货过期的风险和资金成本增加。需要计算每种情况的总效应。

9.3 工业包装原理的说明

如上所述，选择工业包装的不同原则导致不同的成本和碳排放量影响。上一节介绍了工业包装选择的五个原则。为了支持这些原则，需要进行详细的分析。每一个原则都将被应用于汽车行业的材料供应案例中进行说明。说明包括以下内容。

- 采购和生产策略；
- 一次性包装或可重复使用包装；
- 包装尺寸；
- 规模效应；
- 体积和重量利用率。

关于工业包装的选择原则的成本和碳排放量影响的说明是基于汽车行业的材料供应。为保密，这些数字已经过修改，但这些信息是基于对瑞典汽车制造商沃尔沃及其欧洲组件供应商的案例研究。在很大程度上，组件在这些物料流中包装在可重复使用的包装中。组件由欧洲各国供应，并运往哥德堡的仓库，在那里卸下，然后运输到生产工厂。仓库也是一个包装仓库，空包装在这里被清洗和储存。在生产车间里，会发生各种各样的物料搬运活动。拖车用于将托盘上的包装运到超市区，在那里包装被装在流动架上。牵引列车用于将包装运到生产区，在生产区，空包装被满包装所取代。使用过的包装被送到包装仓库进行清洁和再利用，或者被压缩并送到回收站点。包装系统包括一次性或可重复使用的包装，例如托盘、盖子、中间隔板和护套。

9.3.1　采购和生产策略

在生产过程中，部件的消耗率和空间限制可以决定包装尺寸。这意味着生产中应避免过于频繁的包装更换，这说明使用了相当大的包装。而空间限制说明包装相当小。消耗率和空间限制的组合导致需要在生产中使用一定数量的包装组件。为了满足这一要求，一种选择是组件可以以大包装提供，然后重新包装成较小的包装用于生产。另一种选择是以较小的包装供应组件，以便在生产中使用而无须重新包装。在重新包装方案中，运输和物料处理的成本和碳排放量较低，但重新包装过程的成本和碳排放量较高。包装材料的成本和碳排放量也各不相同。为了估计这些差异的净效应，通常需要进行详细的计算。

汽车行业的两个例子说明了在预测重新包装的总体影响时需要将背景特征结合起来。这些例子还突出表明，需要认真决定是否使用重新包装或使用已在填装过程中的包装尺寸。

第一个例子涉及一个组件，该组件可以在包装系统中提供，每层有一个托盘（1225毫米×820毫米）和四个二级包装（600毫米×400毫米×200毫米），或者每层有一个托盘和八个二级包装（400毫米×300毫米×200毫米）。第一种选择从运输包装重新包装到较小的包装，而第二种选择被储存，然后用于生产。表9-1显示了每个因素的成本。总的来说，成本在同一范围内。重新包装的替代方案的成本为0.63欧元/组件，而从填装地开始使用较小包装的替代方案的成本为0.65欧元/组件，即每个组件的成本增加3%。

表9-1　　　　组件 Y 两种替代性包装系统的成本计算结构
（是否重新包装）（欧元/组件）

因素	重新包装 *	不重新包装
原始包装（mm）	$600 \times 400 \times 200$	$400 \times 300 \times 200$
生产包装（mm）	$400 \times 300 \times 200$	$400 \times 300 \times 200$
包装材料（€）	0.06	0.08
运输（€）	0.27	0.32
物料处理（€）	0.21	0.19
废弃物处理（€）	0.05	0.03
资金（€）	0.04	0.03
总计（€）	0.63	0.65

注：* 将运输包装重新分装成较小的包装。

这些因素的组合解释了成本的差异。一个差异是，由于消除了重新包装，物料处理成本降低。在许多情况下，重新包装增加的劳动力成本可能是总成本差异的决定性因素。但在本例中，重新包装活动具有时间效率，并且储存区域的物料处理工作也减少了。物料处理工作的减少是因为较大的包装在储存过程中需要更多的内部处理。另一个差异是，当使用较小的包装时，每个组件的包装材料更多。此外，较大包装中的组件的运输更具有体积效率。然而，相反的效果是，在重新包装选项中，两种类型的包装都需要回程运输。运输的净效应有利于重新包装的选择。使用两种类型的包装也增加了重新包装替代方案中的废弃物处理成本。最后，由于订购了两倍的组件，因此储存时间延长，资金成本略有增加。尽管资金成本增加，但它只占该组件总成本的一小部分。

是否重新包装的第二个例子涉及另一个组件。在生产中，这种每周消耗量低的组件最初包装在尺寸为 600 毫米 × 400 毫米 × 200 毫米的包装中。然而，在填装过程中，使用了带套环的半托盘。因此，工厂需要重新包装。在分析生产空间后，人们发现托盘的尺寸将适合生产过程。为了更好地利用运输，工厂决定在不重新包装的情况下测试带套环的完整托盘。这使得总成本减少了约一半，每个组件的成本减少了 53%（见表 9 - 2）。成本差异主要是由于取消了重新包装而降低了物料处理成本，在本例中，重新包装是主要的成本驱动因素。由于订购的组件数量增加了一倍，储存时间延长，资金成本略有增加。即使资金成本增加了一倍，但它只占该组件总成本的一小部分。

表 9 - 2　　用托盘（是否重新包装）进行组件 X 散装运输的
成本计算结构（欧元/组件）

因素	半托盘和重新包装	生产中全托盘
包装材料	0.15	0.14
运输	0.06	0.05

因素	半托盘和重新包装	生产中全托盘
物料处理	0.50	0.13
废弃物处理	0.02	0.01
资金	0.01	0.02
总计	0.74	0.35

这两个例子说明了在材料供应过程中分析重新包装和其他包装变化的必要性，因为类似变化可能会产生完全不同的结果。在第一个例子中，重新包装成本减少3%，而在第二个例子中，成本大约是原来的两倍。

9.3.2　一次性包装或可重复使用包装

组件供应的一个主要决策是使用一次性还是可重复使用的包装系统。本说明性示例基于 Pålsson、Finnsgård 和 Wänström（2013）的数据，其中两种替代品均在相同的物料流中进行了测试。从欧洲供应商到瑞典工厂的组件材料供应始于卡车运输中的堆叠托盘，该卡车运输约 3000 千米。在工厂中，包装系统被卸载并被转移到超市区域，然后在被投入生产之前被储存。用过的包装被送到包装仓库进行清洁和再利用（可重复使用的包装）或回收（一次性包装）。使用外部尺寸为 607 毫米 × 407 毫米 × 215 毫米的可重复使用塑料包装，成本为 0.67 欧元/组件（见表 9 – 3）。如果相同组件以类似尺寸的一次性包装提供，则总成本为 0.39 欧元/组件。这两种包装系统之间的主要差异是内部体积，因为可重复使用的包装是圆锥体侧面，而一次性包装的内部体积要大得多：事实上，在这种情况下，一次性包装的内部体积几乎比前者多 20%。一方面，这对运输和物料处理效率都产生了积极影响；另一方面，它导致资金成本略高。此外，一次性包装每次使用的包装材料成本更高。然而，在这种特殊情况下，运输和物料处理因素的改善比资金和包装材料成本的增加更重要。

应当指出的是，这仅适用于该特定情况。在其他情况下，可重复使用的替代方案可能更具成本效益，必须强调的是，必须单独分析每个特定情况的背景。

表9-3　　以一次性或可重复使用包装方式供应某一特定组件
3000 千米的成本因素比较（欧元/组件）

因素	一次性包装	可重复使用包装
包装材料	0.06	0.02
运输	0.13	0.24
物料处理	0.15	0.33
废弃物处理	0.02	0.06
资金	0.03	0.02
总计	0.39	0.67

表9-4 以类似的方式显示了每个因素的碳排放量以及碳排放总量。在这种情况下，碳排放总量由于运输效率（即包装系统的体积利用率增加）在一次性包装中也更有效。

表9-4　　以一次性或可重复使用包装方式供应组件
3000 千米的碳排放量因素比较（克/组件）

因素	一次性包装碳排放量	可重复使用包装碳排放量
包装材料	32	14
运输	314	383
物料处理	—	—
废弃物处理	0	16
总计	346	413

注：物料处理中的水力发电（碳排放量为零）、一次性包装的废弃物处理和能源回收的碳排放量之和很低。

如上所述，需要结合包装系统和组件的特征分析每个特定的供应链环境，以确定最具成本和碳排放量效率的是一次性包装系统还是可重复使用包装系统。图 9 - 2 说明了这一点。在该示例中，材料供应和包装尺寸的当前设置用于一次性包装和可重复使用的包装。两种包装类型的尺寸相同。平均而言，一次性包装的成本要高出 7%。如图 9 - 2 所示，虽然可重复使用的包装是许多组件最有效的选择，但相当一部分组件在可重复使用和一次性包装中的成本效益几乎相同，有些组件在一次性包装中的成本效益最高。

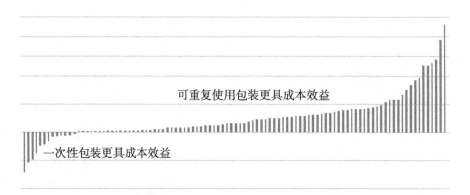

可重复使用包装更具成本效益

一次性包装更具成本效益

图 9 - 2   用于部分组件的可重复使用和一次性包装系统的成本差异

9.3.3   包装尺寸

正如在重新包装的例子中讨论的，包装的尺寸影响供应链的效率。为了说明仅改变包装尺寸而不必添加重新包装环节的潜在影响，考虑包装尺寸为两倍的示例。当前的包装系统一个托盘包含 12 个包装，一个托盘上每个包装有 28 个组件。带包装的托盘用于生产。如果在托盘上使用两倍尺寸的包装，则每个托盘有 6 个包装。每个两倍尺寸的包装包含 60 个组件，这意味着每个包装的组件数量增加了两倍多（60 与 28），每个托盘的包装数量增加了约 7% $[(6 \times 60)/(12 \times 28) - 1]$。在这个例子中，通过使用较大的包装替代品，成本降低了约 20%。资金成本增加，但被其他成本因素抵消。由于生产中需要处理的包装更少，因此物料处理成本就降低了，碳排放总量也减少了5%，这主要是因为每个组件的包装材料减少，运输效率提高。

9.3.4 规模效应

规模对材料供应成本和碳排放量的影响可以通过沃尔沃对其五大欧洲组件供应商的指示的协调方式来说明。在包装尺寸方面，例如，不仅指定包装的尺寸，还指定托盘是否装满。通常，将订单大小与明确的包装解决方案相结合确定托盘上的包装数量。因此，托盘可以与少于最大数量的包装一起运输。如果托盘（1225毫米×820毫米）有两个400毫米×600毫米的包装，则该层上还有两个包装的空间。顶部也可以有用于更多包装的空间。因此，如果车辆的重量限制允许，则可以提高包装系统的体积效率。从成本的角度来看，这些因素的影响方式与包装尺寸的影响方式类似。

为了避免库存过多（可能导致产品过期）的风险，增加托盘上的包装数量是比较谨慎的：托盘上的每一层都没有装满，但至少有一个包装被填满。这意味着，即使在计算后托盘上有更多的高度空间，也不会考虑增加包装数量，即如果一层已满，则即使可能有额外的一层，也不会添加包装。计算结果表明，这些供应商每年可以将托盘数量从6000个减少到4000个。由于需要处理的托盘更少，他们还可以在生产现场将物料处理时间减少1000个小时。总成本节约大于资金成本增加。从环境的角度来看，这是有益的。

9.4 小结

本章讨论并举例说明了决策支持和选择原则对工业包装的益处，强调需要考虑成本和碳排放量因素的综合影响（见第8章），其中显示了总供应链成本和碳排放量，以便为包装决策提供指导并制定工业包装的选择原则。

包装评价模型的决策支持对于制定工业包装的选择原则是有用的。然而，在日常业务中，计算用于新组件的新工业包装解决方案的成本和环境影响，或计算因改变组件的包装解决方案或物料流的请求产生的成本和环境影响也是有用的。

本章解释了利用包装评价模型可以为哪些领域提供决策支持和分析，如第8章所建议的。第一，评价模型可以强调每项成本和碳排放量因素的相对重要性。第二，评价模型可以从生命周期的角度计算出供应链的总成本和总碳排放量。第三，在已经确定是使用一次性包装还是可重复使用包装，或者其组合之后，评价模型可以评价不同的包装备选方案，如比较不同的包装尺寸、使用没有二级包装的托盘以及运用散装运输时是否重新包装。本章还展示了如何将具有这些因素的评价模型用于相反的方向，这意味着它可以为设计材料供应流程的指导方针提供思路。换句话说，材料供应流程的指导原则对工业包装的选择有一定的影响。这些原则的例子有包装尺寸应覆盖几个小时的生产时间、优化生产过程中的空间利用率、最小化总供应链成本或最小化供应链中的总碳排放量。

包装选择原则可以为如何最小化和管理供应链成本与包装对环境的影响之间的权衡提供指导。本章讨论了包装选择原则可以涵盖的五个原则。影响材料供应效率的第一个原则主要基于采购和生产策略，以及它们的运作方式。这些影响取决于指导订货频率、订货规模和交货期的策略。第二个原则是使用一次性还是可重复使用的包装，再或者使用组合包装。第三个原则可以是与战略和业务有关的包装尺寸。第四个原则是基于潜在的规模效应，这是由于包装解决方案的规模经济和环境影响是可以确定的。第五个原则涉及包装系统的体积和重量利用率。

本章的最后一部分说明了包装选择原则可以涵盖的工业包装的五个决策。这些决策适用于汽车行业的一个材料供应案例。这凸显了使用评价模型的复杂性和潜在益处。

10   包装开发组织

包装开发的组织方式决定了一个公司将各种需求整合到包装系统解决方案中的能力。这影响了供应链中的包装性能。包装开发的不同组织结构以不同的方式促进了包装需求的整合。本章介绍了包装开发的四种通用组织结构，讨论了每种结构的特点以及利弊，突出了需要特别注意的领域。本章还讨论了产品和包装设计并行的好处。

10.1   企业中的包装物流组织

研究已经证明了应用集成化方法进行包装开发的价值。如第 1 章所述，供应链集成对于包装物流至关重要。同时设计和开发产品和包装有以下几个原因。

● 通过整合产品和包装系统，可以在运输、物流、制造和废弃物管理过程中获得供应链效率。

● 可以实现供应链有效性（即获得消费者价值）。消费者价值可以通过避免对产品或包装的次优化以及通过关注在特定背景下被认为有价值的包装功能来获得。

● 通过整合产品和包装系统，可以获得创新的解决方案。例如，包装可以是消费者价值的一部分（即企业销售的是包装产品而不是产品本

身）。包装产品的创新包装特征的实例具有推广属性、便利性和便于消费者处理的简易性。

一个集成化的包装开发方法涉及的不仅仅是包装和产品开发，还包括将初级、二级和三级包装开发为一个统一的包装系统，将包装开发与产品开发、物流和公司的其他职能部门相结合，并让客户和供应商参与包装开发过程（Molina-Besch and Pålsson，2013）。如果产品开发团队在产品尺寸方面很灵活，而包装开发团队在包装要求方面比较开明，那么就有了一个集成方法的健全基础。

产品特征限制初级、二级和三级包装的集成开发的一种情况是，营销要求优先于初级包装的其他要求。这可能导致初级包装单独开发。缺乏对各种功能进行整合的一种情况是，包装被视为一种商品，或者包装在供应链有效性和效率方面的作用没有得到重视。然后，对包装的功能需求可能不足以激励一个职能部门参与其开发。最后一种情况考虑整合外部供应链参与者参与包装开发。如果供应商或客户认为包装会影响他们的业务绩效，并且可以将其转化为对包装系统的要求，这将促进他们参与包装开发。

10.2　组织包装开发的四种通用结构

一个组织中的包装开发可以是集中式或分散式。在这两种情况下，包装开发可以按功能或项目形式进行组织。因此，包装开发的组织可以用四种通用结构来描述（见图 10 - 1）。Klevås（2005）描述了每种类型的基本包装开发特征。

第一种结构（图 10 - 1 的左上象限）是基于功能的集中式结构。包装开发组织是一个支持性职能部门，根据子单元的要求，为其开发包装系统。这种包装开发结构的基本特征是实现高包装能力和包装权

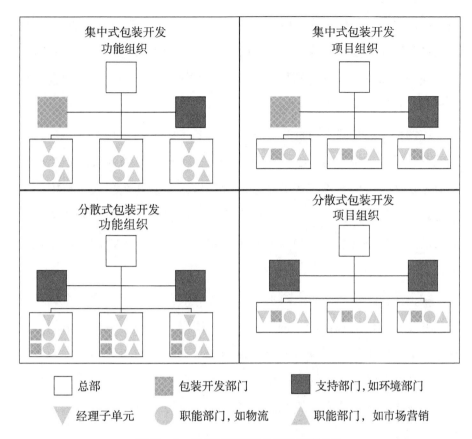

图 10 - 1　组织包装开发的四种通用结构

威。它与物流有关，但开发包装产品的交货期通常较长（Klevås，2005）。

　　第二种结构是基于功能的分散式结构（左下象限）。在这里，包装是在子单元中开发的，而没有一个集中的协调者。这种结构中的包装开发与产品开发密切相关，但与物流缺乏明确的联系。包装权威通常在公司整体上较弱，但在子单元中较强。这种结构有一个明显的风险就是会失去包装能力，因为它分布在不同的子单元。

　　第三种结构是基于项目的集中式结构（右上象限）。这意味着包装开发主要是在一个集中式支持性职能部门中进行的，但是子单元中也有包

装资源。由于集中化，这种结构有很高的包装权威，并与其他职能部门，如物流和产品开发有明确的联系。由于包装开发活动既存在于中央单位，也存在于下属单位，这种结构有利于控制和协调包装活动，但这也是有代价的：存在官僚主义的风险。

第四种结构是基于项目的分散式结构（右下象限），所有的包装开发活动都在子单元中进行。在这种结构中，包装开发与当地客户和产品开发有密切联系，但与物流等其他职能部门缺乏明确联系。缺乏集中的包装支持降低了官僚主义的风险，但存在组织中包装权威薄弱和包装能力丧失的风险。缺乏集中的包装支持也使得在子单元之间控制和协调包装开发具有挑战性。

综上所述，这四种通用的组织结构各有利弊。在实践中，组织通常将这些通用结构组合使用。因此，详细说明以上每一种结构的范围可能是有益的。关于集中与分散以及功能与项目的特征和相关利弊的深入讨论突出了每种组织选择的内在权衡。

接下来，将讨论集中式和分散式包装开发模型以及基于功能和项目的包装组织。

10.3　包装开发的集中式组织和分散式组织

为了确定集中式结构和分散式结构中需要特别注意的领域，本节讨论了组织选择的特点、利弊和内在的权衡。

集中式和分散式包装开发结构的特征可以分为以下五类。

1. 公司的常见包装原则

这是指在整个公司内对包装要求进行相同的优先级排序。集中式包装开发组织通常更容易关注整个公司，而分散式组织更容易将自己与子单元联系在一起。在一个集中式包装开发组织中，基于整体概况和更好的协调可能性，更容易根据不同的业务领域或项目调整包装要求的优先级。可能需要调整的包装要求包括如何在经济和环境要求之间确定优先级，或者如何衡量和调整不同包装特征的目标。在分散式包装开发组织中，协调分散式包装决策更具挑战性。例如，第一个分散的业务部门可以专注于包装保护，而第二个专注于包装成本，第三个则专注于环境问题。为了在分散的组织中调整包装开发原则，需要同步的、整体的战略性包装开发流程。否则，存在次优化的风险，因为每个部门或业务单元可能优先考虑与分散式包装开发相关的内部成本，而不是公司或供应链的整体经济状况。

2. 包装开发资源的管理与划分

包装开发是集中式还是分散式，对组织在不同产品类别、项目和业务单元之间管理和划分包装开发资源的能力有一定影响。集中式包装开发组织能够在整个公司内进行精心策划的资源分配，并确保管理层对各个组织部分的关注是基于明智的决策。包装开发资源的分配应支持组织的整体绩效。在分散式包装开发组织中，在不同的包装项目之间划分优先级以及对包装开发进行整体考虑更具挑战性，但这使得组织能够更快速地响应变化的市场需求和包装的定制。

3. 最新包装知识的获取、维护和传播

组织的集中化程度影响到为增进知识所需的信息获取。集中式包装开发组织通常具有更强的市场洞察能力，因为更多的资源可以集中在市场洞察上，以发现新颖的包装理念。然而，分散式组织由于其在当地的存在，可以捕获当地市场信息以进行增量包装开发。组织的集中化程度也影响到在公司内部长期保有包装知识的能力。在集中式组织中，包装知识通常是稳定的，不依赖于某些个人。在非集中式组织中，随着时间的推移，保有知识可能具有挑战性，因为它可能依赖一些关键资源。最后，集中化程度影响包装知识的传播。集中式组织通常有更清晰的结构，

以统一的方式将知识传播给所有包装开发团队。传播可以包括正式培训和在公司内分享新包装知识，例如，关于包装材料创新和如何应用新包装材料的培训。这一过程应该得到认可，以便分散式组织有效地传播包装知识。

4. 包装定制

分散式组织意味着组织规模很小，反应迅速，与当地市场有密切联系。这种类型的包装开发组织有足够的能力根据客户的要求定制包装。而集中式组织的灵活性较低，通常难以对包装开发进行定制化调整。

5. 包装开发的内部竞争

在分散式组织中，不同的包装开发单元可能会围绕包装解决方案展开竞争，例如质量成本、体积利用率等的关键绩效指标（KPI）。此类竞争可推动组织发展，但不当竞争可能导致知识共享意愿低下。集中式组织中往往缺乏竞争机制，为避免包装开发陷入活力不足的局面，需正视这一问题并采取相应措施。

10.4 基于职能和项目的包装开发组织

基于职能的包装开发组织使用层级结构，其中与包装相关的所有专业知识、能力和员工都聚集在一个由包装职能经理领导的专家职能部门中。相反，基于项目的组织由项目经理领导的跨职能团队组成，团队中涉及的职能取决于项目任务。图 10 - 1 显示了基于项目的组织和基于职能的组织之间的区别。

正如集中式组织和分散式组织一样，下面将讨论基于职能和基于项目的包装开发组织的特征和相关的优缺点，以突出选择组织类型时要考虑的包含的权衡和领域。依赖基于职能和基于项目的组织的包装开发特征被分为以下五类。

1. 捕获包装冲突性需求的方法

在基于职能的组织中，包装需求通常在包装开发启动前就已确定。这使得组织能够以结构化方式在这些需求之间做出明智的权衡。然而，由于这些需求是在之前确定的，或者因为产品已经开发完成而固定，因此在必须将利益相关者的最新包装需求纳入考虑时，这对基于职能的组织构成了挑战。一个相关的挑战是在开发过程中保持灵活性，以适应需求的变化。在基于项目的组织中，在整个开发过程中通过迭代过程收集包装需求是很常见的，因为利益相关者（如物流和营销）参与了项目。因此，来自不同利益相关者的相互矛盾和修改后的包装需求更有可能在整个开发过程中变得可见且可管理。由于并行开发过程，基于项目的组织中产品和包装的总开发时间通常更快。在基于职能的组织中，包装开发通常滞后于产品开发，或者至少启动时间更晚。

2. 通用和特定情境的包装知识

基于职能的组织的结构支持深入的包装知识，而基于项目的结构支持更广泛的特定情境包装知识。职能可以收集和维护不同领域的深入专业知识，例如包装材料和技术。一个普遍的挑战是检测需求和机会，用激进的想法替换当前知识，例如用新的承载工具替换木质托盘。与基于职能的结构相比，基于项目的组织更有可能为项目开发应用的包装知识，因为它有助于全面了解项目的目标和情境。然而，项目组织开发深入包装知识的资源较少。

3. 纳入利益相关者的包装要求

在基于职能的结构中，标准化和灵活的包装解决方案之间存在权衡。从各种利益相关者那里收集包装要求可能很耗时。尽管在基于职能的组织中，所有包装需求都应提前纳入考虑，但存在遗漏潜在利益相关者某些需求的风险。例如，物流可能意识到包装解决方案没有考虑堆叠性或体积效率的要求。在基于项目的组织中，利益相关者共同开展项目。因

此，这支持将多学科项目团队的要求纳入考虑。然而，并非所有潜在利益相关者都可能被纳入项目团队。即使客户和供应商没有被纳入，例如，他们的包装要求仍应以某种方式捕获。

4. 组织中的包装权威

没有包装权威，包装与其他组织考虑因素相比可能优先级较低。这可能降低供应链的有效性和效率。在纯粹基于项目且结构分散的组织中，维护包装权威可能是一个挑战，因为包装资源分散在许多子单元中。在基于项目的集中式组织中也可能出现类似的挑战，但在这里，集中式合作伙伴可以成为包装的更强大代言人。基于职能的组织可以以类似的方式描述。如果它与分散化相结合，则子单元中的所有包装能力得到协调。如果它与集中化相结合，则公司中的包装能力得到协调。包装资源的协调程度越大，其可能提供的权威就越大。

5. 关注包装或包装产品

选择基于职能的组织还是基于项目的组织会导致包装权威（和包装能力）与支持关注包装产品之间的权衡。基于职能的组织主要关注包装和包装开发，而基于项目的组织则便于关注包装产品。通过关注包装，基于职能的组织存在错过针对特定应用的包装要求的风险，但它确实拥有深入包装知识的资源。通过参与产品和包装的开发，基于项目的组织为包装产品提供了一种整体方法，其中可以考虑包装和产品在供应链中的综合性能。挑战是保持包装权威，对于来自包装的项目参与者来说，要关注整个供应链性能而不是包装特性。

10.5 产品与包装开发并行

组织包装开发的四种通用结构在不同程度上支持并行产品与包装开发，但可以在所有结构中实现。并行产品与包装开发具有多种好处。通过在同一阶段开发包装系统和产品，可以考虑相互作用并使产品和包装系统相互适应。这增加了包装产品从物流、运输和营销角度来看效率较高的可能性。例如，一种体积高效的二级包装适合运输，并完美契合超市货架。另一个例子是某些初级包装中的产品，如软饮料罐，可以在没有二级包装的情况下承载大部分负载。

产品与包装开发并行方法能够实现高效的包装产品解决方案。应注意的是，包装产品应涵盖从物料采购到包装使用再到废弃物管理的包装产品端到端功能要求。如果包装产品在不同的销售渠道和不同的国家销售，功能要求通常会有所不同。为了捕获这些差异，需要进行需求映射。

新产品的开发时间可能相当长——在某些行业中，可能需要数年时间。通过并行产品与包装开发，可以缩短包装产品的总开发时间。这使采购能够满足物料采购规格，包装工程师可以仔细设计包装并选择包装材料等。此外，而不是在产品开发时间之后添加包装开发时间，它们是并行进行的。产品开发时间长的另一个影响是，销售必须以粗略的销售量估计和足够的包装分配进行预测。如果早期预测与实际情况相差甚远，则可能需要更新包装解决方案。

10.6　小结

本章开篇即强调，包装开发的组织方式决定了公司将各类要求整合至包装系统解决方案的能力，而这反过来又会影响包装在供应链中的表现。本章重点阐述了以整合方式进行包装开发对供应链表现的影响。本章介绍了四种通用的包装开发组织结构，并讨论了每种结构的特点、优势与劣势。

整合式包装开发方法涉及将初级包装、二级包装和三级包装开发为一个单元化包装系统，该系统将包装开发与产品开发、物流以及公司内

其他职能领域相整合，并让客户和供应商参与到包装开发过程中。

组织包装开发的四种通用结构，依据的是包装开发在组织中是集中式还是分散式，以及是按职能组织还是按项目组织。第一种结构以职能和集中式组织为基础。包装开发是一项支持职能，根据各子单位的需求为其开发包装系统。第二种结构基于职能且为分散式。在此结构下，包装由各子单位自行开发，无中央协调者。第三种结构为基于项目且集中式的结构。这意味着包装开发主要在集中式支持职能中开展，但子单位中也有包装资源。第四种结构为基于项目且分散式的结构，所有包装开发活动均在子单位中进行。

本章分别讨论了集中式和分散式包装开发组织，以及职能型和项目型组织的特点、优势与劣势。这凸显了组织选择所固有的权衡取舍。根据是集中式还是分散式，包装开发的特点，可分为五类：①公司通用的包装原则；②包装开发资源的管理与分配；③获取、维护和传播最新的包装知识；④包装定制化；⑤包装开发中的内部竞争。

根据是职能型还是项目型组织，包装开发特点可分为五类：①应对包装上相互冲突的要求的方法；②通用和特定情境下的包装知识；③纳入包装上的利益相关方要求；④组织内的包装权威；⑤聚焦于包装或包装产品。

本章最后强调了同步产品与包装设计的益处，这一目标在不同组织结构中或多或少都能实现。主要信息是，这增加了从物流、运输和营销角度来看包装产品高效的可能性。

11 包装创新能力

正如本书前面所讨论的，通过对包装做出明智的决策并以新颖的方式处理包装物流，可以大大提高供应链的效率。这种潜力的利用程度受到组织包装创新能力的影响。一般来说，这种创新能力取决于支持并促进创新的一系列过程，特别是包装概念开发和包装开发过程。包装概念开发是识别新的包装概念，而包装开发是将通用包装概念应用于为给定产品开发特定包装解决方案。此外，包装创新能力在一定程度上取决于组织在流程创新和技术获取方面的观点和实践，但这些领域不在本书讨论范围内。包装创新的实施和利用问题也不在本书讨论范围内。

11.1 包装概念创新过程

与所有类型的创新一样，包装概念创新存在差异。一个众所周知的普遍差异是渐进式创新和激进式创新之间的区别。渐进式创新是指对一般行为和知识进行维护并在此基础上进行的小幅改进，而激进式创新则导致活动、行为和知识的根本性变化。激进式创新可能会破坏先前知识的价值。除了这种区别之外，还有其他包装概念创新需要其他能够恰当描述它们的类别。

创新包装概念的一种方法是基于对包装物流的新知识，或对包装概

念的新应用来开发概念。图 11 - 1 中的类型学定义了四种通用包装创新概念。

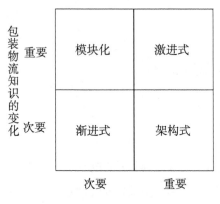

图 11 - 1　四种通用包装创新概念的类型学方法

资料来源：灵感来自 Henderson 和 Clark，1990。

　　四种包装创新概念类型之间的界限不是绝对的，但该模型有助于描述创新类型。反过来，这有助于生成不同类型的包装概念，并支持包装概念创新过程中的不同视角。

　　这四种概念类型是渐进式、模块化、架构式和激进式。渐进式包装概念创新是指对初级、二级或三级包装进行渐进式改进，通常会导致在现有包装概念中使用的包装系统的一些功能改进。模块化包装概念创新基于包装的新材料、新技术或新的物流设备，这可能导致包装功能或系统设计的重大变化。当包装产品出现新的市场机会时，适用架构式包装概念创新。当同时出现新的市场机会以及包装的新材料、新技术或新的物流设备时，适用激进式包装概念创新。

11.2　包装概念开发

　　为了识别初级、二级和三级包装的新概念，公司需要从各种来源获取关于新研究和开发、新要求（例如由于立法和供应链或市场变化）、新技术机会、新材料、新设计想法和新应用的信息。然后，公司应创建、测试和评估包装概念草案，以确定哪些概念是高效且可行的。为了支持这一过程，图11-2提出了一个包装概念的生成过程。

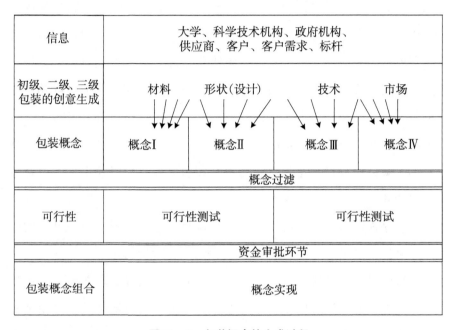

信息	大学、科学技术机构、政府机构、供应商、客户、客户需求、标杆			
初级、二级、三级包装的创意生成	材料	形状（设计）	技术	市场
包装概念	概念I	概念II	概念III	概念IV
概念过滤				
可行性	可行性测试		可行性测试	
资金审批环节				
包装概念组合	概念实现			

图11-2 包装概念的生成过程

资料来源：基于 du Preez, Louw 以及 Essmann, 2009。

11.2.1 信息和创意生成

信息和最新知识是成功创新过程的关键因素。公司需要访问并建立与各种信息和知识来源的联系，以最大限度地发挥包装概念创新的潜力。组织必须系统地监控市场需求。为此，他们应该建立支持与客户定期沟通的组织结构，特别是与最重要客户的长期紧密合作。组织还需要在内部和外部筛选新的包装概念想法和机会。然而，确保客户反馈和捕获内部和外部想法是不够的，公司还需要分析和使用包装概念开发中的信息。

信息应从各种来源捕获。大学提供了关于包装材料、物流和技术最新发现的科学见解和新闻。科学技术研究所提供了类似领域的见解，但通常存在时间滞后。因此，至关重要的是，公司网络应包括与大学和研究所的联系，以便访问这类信息。就文献而言，公司应订阅相关科学和应用期刊。应关注政府机构制定的与材料类型和用途变化、新发现的危险物质、材料组合、营养信息、可追溯性要求、回收考虑因素和各种文本标签要求相关的新法规。同样，应捕获包装供应商的信息，以促进开发新的应用包装创新概念。还应将产品或原材料供应商、客户以及消费者的包装要求和想法纳入包装创新过程。这样做可以添加外部视角，有助于新想法的成长。通过基准测试可以获得对创新过程的更多见解：新想法可以来自仔细检查竞争对手的包装和包装概念，以及来自其他行业公司的概念。

所有这些信息和想法可能涉及包装材料，包装的形状或设计，用于生产、设计、测量或追踪包装系统的技术，或市场潜力。

想法生成可以是关于改变包装系统的形状或尺寸。与包装系统的形状或尺寸相关的想法应以需求为出发点。这种需求可能是从销售角度拥有更具吸引力的设计、增加体积或重量效率、减少包装材料用量等。在确定需求后，想法可能是改变初级、二级或三级包装的形状或尺寸，以便在销售渠道中脱颖而出。也可能是为了开发更高效的体积和/或重量包装系统。在这里，特别重要的是要考虑整个包装系统以及各级之间的相互作用。例如，一个想法可以是通过加强初级或三级包装来减少对二级包装的需求。另一个想法是减少二级或初级包装中的空隙，以利用初级包装甚至产品本身来支持系统的可堆叠性。这可以大大提高整个包装系统的强度，减少材料需求。比较未填充和填充瓦楞纸板二级包装强度的示例说明了这些想法。初级包装是一个装有餐巾的纸板箱。对于一种产品，纸箱压缩测试（BCT）表明，初级包装的支持使包装系统的强度大约提高了三倍，而另一种较弱的初级包装则完全没有提供支持（Suhaimi，2017）。

与包装生产中的技术增强、包装设计实践、测量或追踪能力相关的想法涵盖了一个广泛且快速发展的领域。与包装生产相关的想法应提高生产和物流效率，或生产更定制化或以产品为导向的包装。能够实现高效生产的技术可能与提高填充效率、新的自动处理设备或在包装生产过程中包含标签而不降低生产速度有关。支持定制化包装技术的一个例子是具有灵活性，能够以最小设置时间生产各种尺寸包装的设备。来自此类设备的定制化包装解决方案能够按需生产包装。这有助于最大限度地减少包装中的空气和填充材料量。

提出修改包装设计实践的想法的出发点应该是对当前实践的映射。在设计实践中，可能已经有来自物流、营销、环境、生产和采购的跨职能团队代表或定期支持；如果没有，则可以进行改进。可以生成关于如何设置这些团队的想法。一个特别的考虑是公司是否使用并行产品与包装设计。这主要是一个组织想法，但如第 10 章所述，这能够实现一个有效且高效的包装系统，在这个系统中，组织可以做出有关权衡的明智决策。下一个合乎逻辑的考虑是，来自供应商、客户和消费者的包装要求在多大程度上可以被纳入当前实践中。信息可以通过多种方式捕获，例如通过焦点小组、市场调查、访谈、口头沟通、研讨会和档案数据（档案数据可以显示运输中的立方利用率历史数据和因包装不足导致的产品浪费）。这可以为包装的重新设计提供依据，或通过考虑具有类似特征产品的历史数据，将其纳入新产品包装解决方案的实践。为了支持新的包装设计实践，公司应考虑为托盘配置提供软件和其他技术支持，以确定包装解决方案的环境影响，并对包装设计方案进行基准测试。此类工具的例子包括 Cape Pack、PIQET、PackageSmart、EPIC、COMPASS 以及各种 LCA 和模拟工具。此外，一些公司使用内部开发的工具。

与测量相关的技术发展和应用想法可能涉及捕获新型数据的新机会，例如在供应链中监测和记录湿度、温度和振动的传感器。新技术还可能实现体积和重量利用率的高级测量。通常，将包装系统和运输的体积和重量测量相结合是有益的，但捕获高级测量所需的数据可能很复杂。在当前实践中，很少测量包装系统的体积利用率。最后，ICT 的技术增强可以提高包装的追踪能力。机会包括使用各种识别技术（如 RFID 技术、近场通信（NFC）技术、快速响应（QR）码或条码）捕获实时追踪和可追溯性数据。此外，还应注意，随着具有新可能性的新技术不断发展，当前和已知技术的成本也在不断变化。因此，随着成本下降，已知成熟技术可能会开辟新的可能性。有关包装中的 ICT 的详细信息，请参见第 6 章。

最后，可以生成使用包装来扩大市场份额的想法。一种可能性为新市场开发包装概念，或者将当前概念应用于新市场。在这种开发中，来自客户和消费者的情境见解很有价值。通过深入了解市场和供应链特征，为新市场开发的包装概念可以通过消费者见解促进销售，并实现供应链效率。包装概念从而可以尽可能好地满足要求。另一种可能性是为当前市场开发新的包装概念。通过审查公司的当前包装概念，并将其与供应链和市场要求进行比较，以及与竞争对手的包装概念进行基准测试，可以开发出新概念或修改后的概念，这些概念能够与众不同并满足要求。

11.2.2 包装概念

在生成多个想法后，从一个或多个想法中创建多个可行的包装概念。为了提高创建高质量概念的可能性，开发工作应由具有明确领导和决策权的跨职能团队进行。这些团队应在概念开发步骤的指导中按照明确定义的过程进行工作。将想法组合成包装概念也应并行但综合地进行活动。这意味着，如果将两个想法组合成一个包装概念，则整个团队应讨论和调整完整概念（即组合和综合的想法），而较小的小组应进行这两个想法的详细开发和应用。通过这种方式，包装概念的开发过程既有效（具有完善且综合的想法），又高效（节省时间）。在最终确定草案概念后，应与公司更广泛的受众分享并讨论。因此，可以进一步强调其优缺点，并在必要时进行修改。有多种方式可以做到这一点，例如在研讨会上。

概念开发过程的结果取决于组织的创新性和创造性。为了支持这一点，至关重要的是在创新性和创造性思维的关键角色中拥有适当的人力资源，并奖励创新精神和创造性思维。同样重要的是拥有一种组织文化，这种文化促进和支持员工提出新的包装解决方案倡议和想法，这可能导致意外的包装倡议。

为了使概念开发过程能够长期运行，一些特征至关重要。规划创新、概念生成和实施新包装概念的过程需要集成，以确保共同的方向。此外，长期包装解决方案的关键是将包装创新计划与公司战略保持一致。这样做，可以开发包装概念以支持公司的总体方向。例如，采用低成本战略的公司会优先考虑成本高效的包装解决方案，这些解决方案具有高运输效率和廉价的包装材料；专注于优质产品的公司则可能优先考虑优质包装；产品组合广泛的公司可能重视品牌识别，会考虑拥有差异化的包装；具有环境形象的公司可能会致力于被认为环保的包装。

11.2.3 概念过滤及其可行性

这一步现在要评估这些草案的可行性。可行性测试包括分析、计算、建模和原型制作。如果需要，评估过程首先从收集补充信息开始。基于可行性测试中的见解（与草案包装概念开发相比的新信息），通常需要对草案概念进行迭代更改。然后，从功能和成本角度比较每个包装概念最终版本的可行性。这种最终评估，也称为"资金门"，需要进行业务案例分析，以优先考虑包装概念开发项目。之后，决定为哪些包装概念提供资金。

11.2.4 包装组合

最后一步是实施获得资金的包装概念。包装组合通常由多个综合包装概念组成，这些概念具有多种独特的包装解决方案。这意味着包装概念中的每个包装解决方案都与其他包装解决方案共享一些共同属性。包装概念可以视为一个平台，它确定某些属性，如图形设计、材料或材料性能、形状和标签样式，但不一定包括所有这些。概念中单个包装的其他属性是独特的，如尺寸、材料厚度（如果未包含在概念中），以及形状。包装概念的应用可能有所不同。例如，可以为产品类别或特定尺寸的产品开发包装概念。

本节详细阐述的步骤描述了包装概念的开发过程。这是确定公司包装创新能力的众多过程之一。下一节将讨论这种能力。

11.3 包装创新能力的质量

包装创新能力的质量取决于七个过程。这些过程由 Chiesa、Coughlan 和 Voss（1994）编制为一般创新过程，但在这里它们被置于包装的背景下。十一节已详细描述的第一个过程（包装概念开发）的质量取决于各种职能和外部参与者参与的程度以及所使用的信息来源。高质量的包装概念开发过程与客户和供应商有明确的联系，并捕获消费者见解（如果适用）和供应链要求。它使用具有广泛包装概念开发能力的跨职能团队。低质量的过程以未经计划的活动为特征来开发包装概念，而稍微先进一些的过程则在单个包装职能内开发包装概念。在这种情况下，通常会有一些客户联系。这种方法可以进一步发展，以捕获详细信息来创建新的包装概念想法，通常侧重于市场和客户，但不如高质量过程那样深入。

第二个过程是包装创新规划。最全面的规划过程考虑三代或更多代包装，时间范围为 5 到 10 年。这有助于建立明确的路径并维持包装概念随时间推移的逻辑联系。稍不全面的规划过程有两代在循环中，或仅有一代。最后，一些组织根本不进行规划。这表明包装创新能力水平较低。除非实施最全面的规划过程，否则建议公司在规划时间范围时至少增加一代包装。

为了具有创新性，第三个过程（发明创造力）的质量至关重要。公司通过激励和奖励创业行为和创新想法来实现这一过程的高质量。一个实际结果是能够资助和支持意外活动。公司在多大程度上将质量融入这一过程通常是分阶段进行的。在达到这一先进的过程之前，公司可能会鼓励冒险，但尚未完全准备好奖励企业家和资助意外活动；公司也可能鼓励新想法。因此，发明创造力和创造力的水平是有限的。最不具有发明创造力和创造力的公司专注于控制系统，对创造性行为的支持有限。

第四个过程（包装开发）描述了开发包装系统的活动和程序，同时也阐述了包装规划的时间范围和灵活性。在许多公司中，包装的价值和地位一直较低。往往是在包装开发周期的最后阶段才被开发和添加的。在这种情况下，公司没有既定的包装开发程序，而是采用临时方法来开发或选择包装。实现包装开发过程质量的起点是建立可以应用于所有包装项目的简单程序。然而，在初始阶段，这些程序通常是按顺序应用的，而没有并行活动。这意味着该过程变得不灵活且缺乏时间效率。相比之下，高质量的包装开发过程定义明确，并具有并行和综合的活动。该过程的目标是灵活，以便促进意外、时间依赖性和小型包装项目，使它们能够快速完成。在达到包装开发过程状态之前，公司倾向于以结构化方式计划和审查重大包装开发项目，通常以相当高效的方式为重大包装项目生成高质量的包装解决方案，但从灵活性角度来看可以改进。

由于包装具有多功能用途并与组织的多个部门相互作用，因此还需要评估第五个过程（团队合作和组织）以确定包装开发创新能力的质量水平。高质量的团队合作和组织过程应包含跨职能团队，让物流、营销、采购、产品设计、环境等部门的代表在包装开发的早期阶段就参与其中。为了使这样一个多元化的团队高效运作并做出目的明确的决策，强有力的领导至关重要。团队领导者必须拥有决策权。质量稍低但仍较为有效的团队搭建与包装创新组织方式是在启动包装项目前收集跨职能团队的意见，但各职能部门在开发过程中的参与度有限。在这种模式下，项目权责明确。质量更低的方式是在启动包装创新项目前，仅要求各职能部门提供意见以确定包装需求规格，但项目前后及过程中各职能部门之间的互动较少。质量最低的方式则表现为完全没有团队合作，部门间沟通极少。

要使包装创新具备实用性，必须满足或适应工业需求，这就是第六个过程。这意味着新的包装解决方案应在生产和使用阶段实现资源高效利用。例如，包装设计应杜绝时间、材料、能源及其他不产生价值的资源浪费。确保纳入工业需求的最有效方法，是让工业设计师作为关键资源在包装概念开发过程的早期阶段就参与进来。效果稍弱但仍较为有效的方法，是在包装创新过程中多次咨询工业设计师（可以是企业内部员工或外部聘请的顾问）。工业设计师越早参与包装创新过程，产出高质量成果的可能性就越大。完全不考虑工业设计的公司，很可能开发出不符合工业需求的包装解决方案。

包装创新能力第七个过程的最终考量是工业设计的实际落地。这意味着所设计的包装解决方案需能高效地应用于生产和分销环节，以实现大规模运作。除纳入上述团队的职能外，公司还需要通过测试原型和逐步提升新包装解决方案的生产规模，确保新的包装设计可以应用于生产和分销环节，同时管理生产中的工程变更也至关重要。实现从设计到生产分销的高质量转化过程的关键一步，是在生产、物流和包装设计之间建立清晰的关联。这些关联在团队合作和组织过程中确定。缺乏转化过程组织结构的公司，会将最终确定的包装设计交付给生产部门，而不促进这两个部门之间的互动。将实际生产考量、规模经济、准备时间和其他工程问题留给生产部门负责，这可能导致生产效率低下和时间延误。

这七个过程共同决定了包装创新能力的质量水平，其总结如表 11－1 所示，该表列出了每个过程实现高质量所需的指标。

表 11－1　　　　公司在包装创新过程中的高质量过程指标

过程	高质量过程指标
包装概念开发	明确客户和供应商的联系 捕获供应链要求和消费者见解 利用跨职能团队
包装创新规划	在 5～10 年的时间跨度中，考虑三代或更多代的包装
发明创造能力	促进创业行为和创新理念 支持和资助无法预料的活动
包装开发	明确定义的具有并行和综合活动的流程 灵活的活动和目标，以促进未预见到的、时间要求高的和小型的包装项目快速完成
团队合作和组织	具有强大领导力的跨职能团队要尽早参与包装开发过程
满足或适应工业需求	包装的追踪能力
工业设计的实际落地	包装创新团队包括生产和分销职能部门 测试原型和新包装解决方案的产能提升 管理制造中的工程变化

11.4　小结

本章介绍并详细阐述了包装创新能力，以及一系列过程如何支持和

推动创新。本章对包装概念开发（新包装概念的识别）和包装开发（运用通用包装概念为特定产品开发具体包装解决方案）进行了区分。

本章提出了四种通用包装创新概念的分类法，该分类法有助于对创新进行分类。反过来，这可以协助生成不同类型的包装概念，并在包装概念创新过程中支持不同视角。

本章继而提出了开发包装概念的分步框架。第一步是信息和创意生成。公司需要访问并建立与各种信息和知识来源的联系，以最大限度地挖掘包装概念创新的潜力，同时涵盖了多种创意生成的可能性。在生成若干创意后，第二步是从单个或多个创意组合中构建若干可行的包装概念草案。这一过程的成果取决于组织的创新力和创造力，同时本章探讨了包装概念开发过程长期运行所需涵盖的一系列特征。第三步是评估包装概念的可行性。可行性测试包括分析、计算、建模和原型制作。随后进入资金审批环节。最后一步是落地通过资金审批的包装概念。完整的包装组合通常由若干综合包装概念组成，每个概念包含多种独特的包装解决方案。

本章最后讨论了共同决定包装创新能力质量的七个过程。第一个过程是高质的包装概念开发过程，其与客户和供应商有明确的联系，并捕捉消费者见解（如果适用）和供应链需求，同时在包装概念开发中运用具备广泛能力的跨职能团队。第二个过程（包装创新规划）的质量取决于针对新一代包装或包装概念所考虑的时间范围。第三个过程（发明创造能力）的质量取决于公司激励和奖励创业行为和创新想法的程度。第四个过程（包装开发）的质量取决于开发包装系统的活动和程序（如时间范围、包装规划的灵活性）。第五个过程（团队合作和组织）的质量受公司整合多功能目标并与组织多部门互动的程度影响。第六个过程（满足或适应工业需求）的质量取决于满足或适应工业需求的程度。第七个过程作为包装创新能力的最终环节，其质量通过将包装解决方案转化为大规模生产和分销的能力来衡量。

12 管理电子商务渠道的包装物流

在线零售在所有主要西方市场都在迅速增长。近年来，欧洲电子商务营业额的年增长率约为 15%。电子商务包装的供应链特征和要求与传统贸易不同。在电子商务供应链中，供应和分发包装产品改变了包装材料的成本和环境影响。除了对包装材料的影响，电子商务还改变了对其他五个因素——建筑、货运、客运、未售出产品和产品退货的成本和环境影响（Pålsson et al.，2017），除客运外，所有这些因素都受到包装的影响。

本章从经济学的角度，重点讨论成本的变化。然而，电子商务也对与销售和服务相关的功能产生影响，这反过来又影响上述五个因素的成本和环境影响。例如，许多电子商务公司倾向于提供快速交付。为了缩短交货期，一些公司消除了生产和消费者之间的节点。这增加了单次运输的数量，并降低了装满卡车的可能性。为了促进对有效的物料处理和最小化空包装库存成本的快速响应，公司使用有限数量的包装尺寸。因此，物料处理效率和库存成本与运输效率是相互权衡的。

12.1 电子商务中包装的成本及其对环境的影响

包装材料的总量和类型可能因销售渠道而异。例如，服装在零售店

147

里通常用塑料袋包装出售，但在电子商务中需要更多的瓦楞纸板包装或耐用塑料包装的保护以免受影响。书籍在零售店里出售是没有包装的，但在电子商务中往往是单独用瓦楞纸盒包装的。用于电子商务的建筑类型与常规贸易的建筑不同。原则上，电子商务递送是从仓库发送到取货点或消费者家中，而不是通过零售店（电子商务产品也可以从零售店运送，但出于本讨论的目的，使用更常见的模式作为模型）。通过避免经过零售店，电子商务减少了"建筑"这一因素的成本和环境影响，因为仓库通常比零售店消耗的能源少。因此，可以设计用于仓库的使空间最小化和处理效率高的包装，而不必考虑来自零售店中的包装要求的潜在权衡。而且，在最后一公里配送上，电商渠道既可以选择配送到取货点，也可以选择送货上门。在送货上门中，货运到家代替了客运到零售店。如果客运是通过汽车，送货上门的替代方案降低了成本和环境影响。从包装的角度来看，有效的包装运输的体积和重量利用率在电子商务中更重要。关于未售出的产品，电子商务渠道有更多的机会使用集中仓库，而每个零售店在传统销售渠道中保持库存。如果每个仓库和每个零售店都有安全库存，在传统的基于零售店的销售渠道中，由于过期而使未售出产品积压的风险更高。最后，电子商务中的产品回报率更高，特别是对于体验零售品，如服装。因此，包装应支持退货，因为这些产品需要重新包装，这增加了包装材料的耗费。

许多例子说明了包装对电子商务环境影响的潜在影响。包装可以决定送货上门和取货点系统是否比经由零售店的常规递送系统更高效或更低效。第一个例子，在一项关于 DVD 租赁的研究中，送货上门和传统配送系统之间的能耗差异中有 67% 是由包装材料造成的，而传统配送系统更有利于零售店（Sivaraman et al.，2007）。第二个例子，在一项关于电子产品的研究中，包装材料在电子商务分销渠道中消耗了大约 22% 的能源，并对环境效率产生了相当大的负面影响（Pålsson et al.，2017）。第三个例子，对城市地区书籍的研究表明，电子商务渠道中每本书消耗的能源比传统配送系统多得多，因为电子商务渠道的包装材料更多（Pålsson et al.，2017）。

即使包装在许多情况下对电子商务中的成本和环境效率具有重大影响，但当前的实践和研究在这一领域还相当不成熟。当前电子商务中的包装解决方案往往基于最初为传统商业开发的那些，但电子商务中的供应链特征和消费者对包装的需求是不同的。在电商产品运输过程中为其增加二级包装进行保护是很常见的。初级包装也可能存在挑战。例如，泡罩包装可以在零售店中使用以防止被盗，但是当在电子商务渠道中使用时，打开泡罩包装导致产品退货和重新包装的成本增加以及对环境的影响加大。如上所述，提供送货上门或取货点服务的供应链与经由零售店服务的供应链不同，包装要求也不同。在电子商务（提供送货上门或取货点服务）中使用针对常规供应链（经由零售店服务）开发的包装解决方案可能导致不必要的包装材料量、低负载系数和不必要的产品浪费。

12.2　电子商务中的交付替代方案

电子商务改变了分销渠道，这反过来又改变了包装的要求。有几种可供选择的方法来组织电子商务的分销渠道。传统的企业对消费者（B2C）供应链包括许多节点，通常有原材料供应商、制造商、仓库和零售店。节点之间通过货运连接，消费者将产品从零售店带回到家中。电子商务供应链没有零售店，一种选择是直接从仓库或生产工厂将商品运送到消费者家中或附近的取货点；另一种选择是在零售店收集在线订单。这三个交付选项中的每一个都可以以不同的方式组织。图 12 - 1 展示了电子商务中常见的交付替代方案的概览。目前正在开发其他替代方案，如小规模模型。

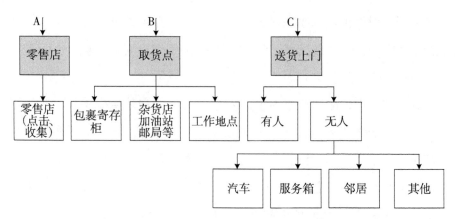

图 12 – 1　电子商务中的交付替代方案

图 12 – 1 显示了从消费者提供的收集点开始的节点和分配链路。在此之前，从生产商开始的供应链（图 12 –1 中的 A、B 和 C）可以通过多种方式构建。在 A 中，从制造商到常规零售店的节点通常包括一个或几个仓库。类似的供应链结构可以用在 B 和 C，但由于取货点和送货上门的数量远高于门店数量，因此与 A 相比，在 B 和 C 实现高负载系数变得更具挑战性。此外，产品从生产厂直接运送到 B 和 C 区的消费者手中也越来越普遍，这导致了联合包装更少，交付更频繁。

点击并收集意味着消费者在线订购并在商店中收集订单（该术语也可以应用于其他交付模式，如包裹寄存柜）。从包装的角度看，这种设置类似于常规通道。取货点可以用以下三种方式来组织。

• 消费者在指定的合作伙伴处向送货提供商提交订单。例如，杂货店、加油站或邮局。

• 使用包裹寄存柜，可以放置在零售店、大学校园、公司或靠近人们居住地的地方。包裹寄存柜是带锁的自助服务箱，可用于接收或发送包裹。包装尺寸不能大于包裹寄存柜的收纳箱尺寸。

• 工作地点。可以与包裹寄存柜结合使用，或者直接在消费者的工作地点交付给消费者，或者交付给前台。

以上对取货点包装的影响是增加了对包装运输效率、可堆叠性、处理效率的关注，并且减少了对包装推广属性的需要。

送货上门可以是有人照看的，也可以是无人照看的。有人照看的送货上门意味着消费者直接收到包裹。无人值守的送货上门带来了额外的安全考虑。这种方案包括邻居代收、把商品递送到带锁的服务箱或者智能汽车站点，这意味着可靠的递送伙伴可以打开服务箱或汽车行李箱。其他方案还在开发中。为了使无人值守的送货上门发挥作用，可能需要增加对温度和湿度的保护。此外，包装尺寸应与服务箱或汽车行李箱相匹配，并且包装的追踪能力应有助于确认已经完成了交付。

12.3　电子商务供应链对包装系统的影响

正如本章导言中所讨论的，B2C 电子商务和传统贸易渠道的成本和环境影响取决于供应链中的六个因素：包装材料、建筑、货运、客运、未售出产品和产品退货。这些因素中的每一个都可以随着供应链的变化而变化。本节重点介绍影响包装的供应链变化。尽管与电子商务相关的分销渠道可以以不同的方式组织，但是与传统供应链相比，可以确定电子商务的许多对包装系统的一般影响。本节介绍了 B2C 电子商务链与传统的供应链相比的变化，并分析了对包装系统的一般影响。

电子商务的供应链效应及其对包装系统的一般影响如图 12 - 2 所示，图 12 - 2 结合了 Siikavirta 等（2003）讨论的电子商务对供应链不同部分的影响的更新版本和包装特征。图中显示了电子商务与六个因素的联系。

图 12 - 2 显示，为了获得成本和环境效率高的包装系统，与零售店供应链中的产品相比，对于送货上门或发往取货点的供应链中的产品，包装的以下 9 种特征应得到区别对待。

- 产品保护；

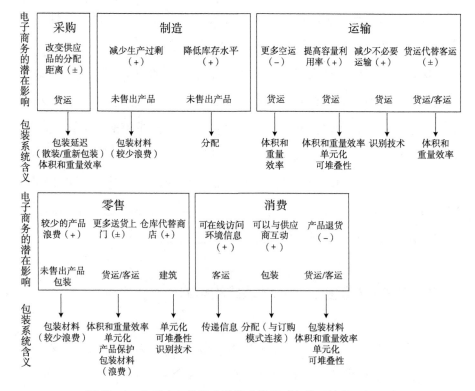

图 12 - 2　电子商务的供应链效应及其对包装系统的一般影响

- 分配;
- 传递信息;
- 体积和重量效率;
- 包装延迟;
- 单元化;
- 可堆叠性;
- 识别技术;
- 包装废弃物。

　　在采购中,具有送货上门系统的电子商务可以利用销售地数据来用原材料供应的信息替换库存,这可以减少产品的生产过剩和过期。减少产品浪费意味着减少包装浪费。在生产(制造)中,电子商务增加了对成本效率和短交货期的要求，而这些要求用拉动式生产战略比用推动式生产战略更容易满足。拉动式生产战略能更好地应对需求波动，从而减少生产过剩。分销的一个长期趋势是电子商务客户要求更快的交付，而几乎不收取交付费用。为了满足这种需求，在网上销售的公司需要有较短的交货期，这可能会影响到运输方式，特别是对于全球公司和需求不稳定的公司。因此，海运和铁路运输可能被公路和空运所取代，这两者都对成本和环境产生负面影响。在送货上门系统中，产品直接从仓库或生产工厂交付。与零售店相比，仓库的成本更低，每平方米消耗的能源更少。因此，如果产品的周转时间相同，则它们在建筑物中比在传统商店中销售成本更低并且消耗的能源更少。送货上门选项还导致更多的包装材料最终在家中而不是在零售店中被移除。在消费阶段，电子商务可以提供新的服务，如为消费者补货，为制造商提供成本和环境效率高的流程。然而，电子商务也导致了更多的产品退货，这意味着产生消费者退货、回程货运、重新包装和回程管理。

图 12 - 2 突出显示了电子商务渠道中供应链不同部分对 9 种包装特征的影响。根据包装特征，下面的小节和表 12 - 1 总结了这些影响。

表 12 - 1　　在电子商务和传统贸易中开发和选择包装时
应区别对待的 9 种包装特征

包装特征	电子商务供应链中的考虑因素
产品保护	导致额外的堆叠和搬运活动 增加产品防高温保护
分配	采购和生产中库存水平的降低以及对零售货架的适应消除了对包装系统的正确数量和尺寸的影响 更加关注消费者对初级包装的正确数量和尺寸的需求 更加关注仓库的拣货效率
传递信息	包装的传递信息功能可以通过在网络上发布一些信息来改变

包装特征	电子商务供应链中的考虑因素
体积与重量效率	空运使用频率的增加导致体积和重量效率的重要性增加 体积和重量效率对长距离运输和送货上门的重要性增加
包装延迟	由于来自仓库的定制包装产品需要重新包装，散装运输对此需求更大
单元化	单元化对利用车辆容积（长距离、与竞争对手协同包装）和尽可能减少储存空间越来越重要
可堆叠性	可堆叠性对利用车辆容积（长距离、与竞争对手协同包装）和尽可能减少储存空间越来越重要
识别技术	包装标签和标识应该更具体，特别是在初级包装中 识别技术和数字化可以使仓库运作更有效率
包装废弃物	减少生产和零售阶段的包装材料浪费 更多包装材料废弃物最终出现在消费阶段 更多包装材料来自产品退货

12.3.1　产品保护

当产品在零售店出售时，产品的所有权发生变化。这意味着保护产品的责任从店主转移到了消费者身上。在提供送货上门和取货点服务的系统中，所有权的变更会被推迟。这意味着包装需要在另一个环境中保护产品，例如送货卡车或取货点。与零售店相比，电子商务包装应该能够实现额外的堆叠和处理活动。包装保护的另一个方面是在零售店中，温度敏感产品由维持所需产品温度的设备保护，例如冰箱、冷冻机和保温箱。这种设备在送货上门系统或取货点较少可用。因此，在这些电子商务递送系统中，如果包装能够防止温度波动，则是有益的。

12.3.2　分配

包装应包含正确的数量和足够的空间，以尽量减少产品过期和产品浪费。在提供送货上门或取货点服务的供应链中，由于交货时间缩短和集中化，采购和生产的总库存水平可以减少。这影响到一个给定包装系统的最有效数量和大小。例如，二次包装的设计可以与分拣效率和仓库要求相匹配，而不需要对零售店的要求做出权衡。此外，因为电子商务供应链中没有零售店，所以关于初级包装的尺寸的决策不必考虑零售货架要求以匹配消费需求。

12.3.3　传递信息

相较于商店，电子商务网页能够呈现更为详尽的产品信息。在消费者决择购买何物的过程中，这便是他们获取额外环境信息的途径。而对于商店所售的产品，类似信息通常需要在包装上呈现。因此，在包含送货上门及自提点的供应链体系中，包装的传递信息功能可予以调整优化。

12.3.4　体积与重量效率

相较于传统零售店，采用送货上门或自提点模式的供应链，对包装系统的体积和重量效率提出了全新的挑战与要求。在送货上门系统中，原本由消费者前往零售店的客运模式被送货上门的货运模式所取代。如果组织得当，运输服务提供商执行货运过程相较于消费者自行运输，能耗效率更高。此效率不仅取决于物流先决条件，如消费者数量、地理距离、配送时间等，还依赖于包装系统的体积和重量效率，以最大化车辆的体积利用率。鉴于电子商务中产品退货量增加，导致货运量上升，体积利用率的重要性越发凸显。此外，在某些电子商务渠道中，由于采用中央仓库模式，长途运输及空运更为普遍。对于这些产品而言，优化包装的体积和重量效率尤为重要。从成本角度审视，尤需关注重量效率的优化，因其通常直接决定货运成本。就温室气体排放而言，体积与重量效率均至关重要。

12.3.5　包装延迟（批量/重新包装）

如与图 12-1 相关的文本中箭头（A、B 和 C）所述，带有商店的供应链中的节点和链接通常与带有家庭配送或取货点的供应链不同。在具有中央仓库和长运输距离的电子商务渠道中，产品比商店中的产品更早地在供应链中专门供特定消费者使用，从而从推动式转变为拉动式。总体而言，这些差异影响应用包装延迟的能力。在全球供应链中，例如，在接近消费者的地方进行批量包装和重新包装可以提高运输效率，特别是在家庭配送和取货点系统的最终阶段，为了环境效率，需要将许多不同产品共同包装。在这种情况下，包装受益于标准化或模块化以便于堆叠和处理效率。然而，结果是每个包装不能根据体积效率进行优化。因此，最终的定制化包装应尽可能短距离运输。

12.3.6　单元化

单元化减少了需要处理的单独包装数量，从而最小化了物料搬运中的时间和能源消耗。由于带有家庭配送和取货点的供应链中的包装产品在供应链早期阶段比零售商店中的包装产品更早地拥有特定消费者，因此获得更高容量利用率的机会取决于各种包装产品之间的单元化可能性。因此，在家庭配送或取货点的供应链中，包装单元化应同时考虑特定产品的二级包装和其他包装产品的尺寸，因为这些产品可以在同一运输中共同包装。随着仓库取代零售商店进入电子商务，以及产品退货量增加，单元化也变得越来越重要。为了最小化仓库中的储存空间并促进退货运输中的共同装载，包装应实现单元化。

12.3.7　可堆叠性

可堆叠性与单元化有关，因为后者通常促进前者。然而，堆叠性还取决于其他问题，如包装强度和稳定性。堆叠性对运输、处理和储存效率很重要。这三个领域对电子商务渠道有很大影响，这增加了电子商务中堆叠性的重要性。

12.3.8　识别技术

为了使家庭配送和取货点系统高效，与零售商店链相比，包装标签和识别应包含更详细的数据。特别是初级包装需要与消费者相关联，这在零售链中通常是不必要的。此外，电子商务与其他数字化相结合，可以使物流结构从长途运输和中央仓库转变为在生产后立即对产品进行最终客户目的地排序。这样做的论点是，仓库操作（如处理、分类和拣选）目前在发达国家通常比长途运输成本更高。尽管数字化可以实现成本高效的分类，且对手动劳动的需求最小，但它需要通过标签进行包装识别。应考虑对所有类型的销售渠道进行数字化，但电子商务在经济和环境方面的节约潜力最大。通过包装标签实施识别技术的另一个好处是减少了损耗和产品浪费。

12.3.9　包装废弃物

由于电子商务中生产和零售阶段的产品浪费较少，因此这些阶段的包装材料浪费也较少。另外，包装材料，特别是二级包装材料，更大程度上在消费者阶段而不是在零售商阶段结束。当前的包装解决方案通常最初是为传统商店开发的。在电子商务渠道中经常使用相同的包装，如果需要保护产品，则添加包装材料。因此，除非为电子商务渠道开发单独的包装解决方案，否则最终会增加包装材料。一般来说，电子商务还会产生更多与产品退货相关的包装废弃物。每个产品退货通常会被重新包装到一个新的二级包装中。

12.4　小结

本章介绍并讨论了电子商务渠道中包装的经济和环境影响。它将电子商务中的包装与传统带有商店的供应链进行了比较。它强调了以电子商务供应链供应和分销包装产品会改变六个因素的成本和环境影响：包装材料、建筑物、货运运输、客运运输、未售出产品和产品退货。它还描述了除客运运输外的每个因素如何受到包装的影响。

电子商务和传统渠道之间包装材料的总量和类型可能有所不同。这通过多个示例进行了说明。电子商务中的当前包装解决方案通常基于最初为传统商业开发的包装。这存在问题，因为电子商务中的供应链特性和消费者对包装的需求与传统商业不同。

与电子商务相关的分销渠道可以以不同的方式组织。本章概述了电子商务中常见的配送选项。尽管有不同的配送选择，但能够确定一系列一般包装要求，这些要求在电子商务中与传统供应链相比需要不同地强调。这些包装要求是通过映射电子商务的供应链影响，然后分析对包装系统的影响来确定的。

最终确定了九个包装特征，这些特征应针对电子商务供应链中的产品以不同方式处理：产品保护、分配、沟通、体积和重量效率、包装延迟、堆叠性、单元化、识别和包装废弃物。这些包装特征及其一般影响在表 12-1 中进行了总结。这些变化具有一般性，并不适用于特定情况。许多公司还利用传统和电子商务销售渠道，这可能会影响其包装解决方案。从经济和环境角度来看，有必要仔细分析为每个销售渠道开发专用包装解决方案是否有益。

13 在发展中国家管理包装物流

在发达国家和发展中国家，应使用相似的方法对包装系统进行评估和设计。虽然每个被归类为"发展中"的国家都有自己的特点，但与包装有关的某些供应链挑战对许多国家来说是共同的，需要特别关注。供应链通常包括包装被人工填充和处理的几个阶段。这些人工处理过程通常是粗糙的，对包装造成了冲击。与发达国家相比，发展中国家的包装系统通常不太使用托盘，这降低了单元化和处理效率，但是包装通常堆叠得更高，即使条件可能更差，如湿度。发展中国家基础设施欠发达，道路状况有时不尽如人意。

13.1 在发展中国家需要特别注意的包装特征

一般而言，发展中国家的供应链通常面临与以下类别有关的挑战（Parfitt，Barthel and Macnaughton，2010；Saruchera，2017；Souhrabpour，Hellström and Jahre，2012）。

• 基础设施：例如，颠簸的道路会造成卡车装载的货物震动；

• 组织和知识：例如，分销链中的许多阶段没有完善的组织，知识经验缺乏，以及帮助卸货的一般是临时、失业工人，专业人员少；

• 物流设备：如缺少带温度控制功能的设备，缺少自动搬运设备

159

（取而代之的是对包装进行粗糙的人工搬运）；

- 成本：如如何实现最大限度地降低包装成本；
- 气候：如湿度和温度挑战；
- 安全性：如包装被伪造或盗窃的风险。

当然，这些挑战在发达国家也存在，并不是在发展中国家的所有地区都出现，只是在发展中国家更为普遍。

发展中国家的食品包装在向消费者提供食品方面发挥着重要作用。发达国家存在大量零售后食品浪费，而发展中国家的此类浪费较低（Bond et al.，2013）。相反，发展中国家的食物浪费主要发生在生产、运输和加工过程中，原因是运输和储存技术欠佳，以及缺乏知识和投资（Parfitt，Barthel and Macnaughton，2010）。因此，食品包装有许多要求，包括防止物理冲击和污染，以及温度控制。

为了应对发展中国家包装供应链的挑战，最重要的是规划供应链和确定供应链要求，以免过度包装或包装不足。作为为发展中国家设计包装的起点，表13-1强调了发展中国家面临的共同挑战及其对包装的影响。

表13-1   发展中国家面临的共同挑战及其对包装的影响

类别	挑战	对包装的影响	包装特点
基础设施	道路质量不高	晃动，冲击	保护
	铁路质量不高	装货粗糙，耗时	保护、传递信息
	建筑质量不高	耐热性不足	保护、传递信息
	回收系统不足	回收需求降低	可生物降解
组织和知识	物流信用低	包装的地位低下	物流培训、传递信息
	培训不足	物料处理较粗糙	保护
	雇用临时工	物料处理较粗糙	保护
	缺乏标准化	物流低效	单元化
	协作水平低	包装要求不全	改善包装开发
	供应链步骤多	多次搬运	规划供应链、保护、可操作性

类别	挑战	对包装的影响	包装特点
物流设备	旧卡车	晃动、卫生条件差	保护
	旧物料处理设备	处理低效	单元化
	缺少处理设备	人工处理、打包	方便人工处理（重量、手柄等）
	填充效率	人工填充过程	易于手动打包
	设备不足	害虫的侵扰	保护
	缺少 ICT	缺少对包装的追踪	人工可读的文本、插图
	缺少托盘	处理低效，保护不足	可堆叠性、单元化、保护
成本	廉价的包装材料	保护不足	保护
	尽量减少包装材料（1）	大包装	分配、人工处理
	尽量减少包装材料（2）	薄包装	保护
	劳动力成本低	人工处理	人工处理（重量、手柄等）
	运输距离短	当地的包装资源	材料质量特性
	储存空间利用率	高堆叠能力	可堆叠
气候	温度*	防温保护	保护
	湿度*	防湿保护	保护
安全性	被偷窃	难以打开、难以人工识别，可追踪性差	安全保障，ICT
	被伪造	难以打开、难以人工识别，可追踪性差	安全保障，ICT

注：* 缺乏带有温度和湿度控制功能的物流设备。

13.1.1　基础设施

发展中国家的运输和储存基础设施往往不足。这意味着包装系统在更大程度上暴露于更恶劣的条件下。因此，包装需要提供更好的保护，并明确传达处理和堆叠要求以及易碎性问题。在发展中国家的许多地区，道路状况不好，至少与发达国家相比是这样，具有挑战性的道路状况，包括颠簸和砾石道路。这就是为什么卡车中的包装产品经常暴露于振动、冲击和撞击条件下。因此，公路运输对包装系统的保护功能提出了更高的要求。

铁路运输的条件也常常不足。这在对纳米比亚铁路运输的相关调查中得到了体现。12 个最基本的挑战包括缺乏联运服务、缺乏基本的运输设备、铁路港口不按程序操作、糟糕的铁路运输管理技能以及货物失窃（Saruchera，2017）。从包装的角度来看，运输设备的缺乏、临时的做法和糟糕的管理导致了包装的粗暴处理和耗时的包装活动。因此，包装提供保护的功能得到关注。为了减少耗时的包装活动，在包装上使用文字和插图可以更清楚地呈现包装处理说明。

在基础设施方面，建筑可能质量不足，仓库或其他用于储存的建筑可能没有牢固的墙壁，可能缺乏隔热条件。由于建筑质量不高和耐温性不足，存在包装可能太热或太冷的风险。与其他基础设施挑战一样，这意味着需要强调保护功能，特别是绝缘功能。包装信息还有助于正确的储存，例如，可以通过说明温度限制的标签实现。

13.1.2　组织和知识

包装和物流的组织和知识极大地影响了物流绩效。然而，在发展中国家，物流业的信用度一般较低（Kovács and Spens，2009），缺乏对物流人员和包装工作人员的培训方案。在基础设施类别中，铁路运输管理技能差也有类似的观察结果（Saruchera，2017）。在南非观察到的另一个问题是，知识有限和经济制约导致卡车载重超过法定限度，并使用较低等级的道路而不是国家路线来避开收费站和地磅（van der Mescht，2006）。由于这些组织和知识的挑战，包装物流的地位较低，加之缺乏培训，物料处理技能差，往往比较粗糙。由于缺乏训练有素的物流人员，加上组织结构有限，以及使用廉价劳动力的压力，因此公司选择使用临时工。与公司无关的当地人可能会帮助卸载卡车或搬运包装。这加剧了粗糙的物料处理，因为临时工不仅缺乏培训，而且对公司缺乏忠诚度。

应对这些挑战的长期方案是提供物流培训，并通过对供应链的控制来避免使用临时无组织的工人。然而，这些变化需要时间。大公司涉及众多的供应链，每一个都包含许多物料处理情况。因此，为了妥善地保管产品使其免被损坏，分析包装所需的适当保护系统是至关重要的。在许多情况下，与发达国家的类似供应链相比，发展中国家的包装系统需要额外的保护。另一种补充方法是在标签中注明有关如何处理包装的充分信息。建议这些标签尽可能包括说明性图片而不是文本，以克服语言障碍。

包装和物流的组织和知识方面的许多挑战与物流缺乏标准化有关。如第 2 章所述，标准化旨在降低复杂性，针对选定的活动，保护大多数人的利益，长期持续，但在必要时可以进行审查和更改。物流标准化可分为包装标准化、运输标准化、物料处理标准化和 ICT 标准化。发展中国家的物流和包装标准化水平通常较低，这通常导致物流效率低下。

由于包装和负载载体的尺寸的标准化水平低，最大化车辆的体积利用率、共同负载单元化包装和简化物料处理成为挑战。此外，缺乏包装废弃物的标准化回收准则降低了回收水平。发展中国家的运输标准化有限，这使得将尽可能多的包装产品装入车辆成为一项挑战。没有标准化的车辆尺寸，缺乏模块化，使用多式联运也更具挑战性。

然而，政府可以支持物料处理标准化。Min 等（2014）描述了一个发达国家（韩国）的一种做法，可以提供启发。在那里，政府机构对储存费提供折扣，并向使用标准化储存设备的用户提供优惠贷款。另一种做法是对标准化物流设备采用认证制度，用户可从中受益，如享受减税

或补贴。

物流标准化的最终维度是信息技术。在发展中国家，ICT 标准化以及总体技术水平不如发达国家先进。然而，ICT 标准化可以使供应链参与者协调实物材料和交付过程。因此，如果在财政上可行，ICT 标准化可以为发展中国家带来巨大的利益。

组织和知识方面的挑战还包括协作，这在发展中国家处于较低水平。供应链协作是企业内部和企业之间活动和流程协调的起点，可以帮助避免供应链中的次优化，例如，通过避免不必要的重新包装或不匹配的包装和物流设备来实现。由于包装对供应链中的所有物流活动都有影响，因此必须考虑供应链参与者的许多要求，以便设计或选择适当的包装系统。例如，生产商、仓库、运输提供商和零售商关于对包装的保护、装卸、推广属性和储存的要求应合并在一起，作为一个单元加以分析。如第 6 章所述，包装的追踪能力同样有助于供应链沟通。然而，由于发展中国家的合作水平较低，在包装设计和选择中进行供应链所需的整体分析以及获取和利用追踪数据以提高物流效率更具挑战性。因此，包装系统可能会考虑不完整的要求，从而导致错过在整个供应链中平衡成本和服务的机会。

与组织和知识有关的最后一个挑战是，发展中国家的供应链往往有许多阶段（Parfitt, Barthel and Macnaughton, 2010）。尤其是，分销链通常在包装产品到达消费者之前具有若干阶段，这意味着包装在不同的环境中被多次处理：在仓库或户外重新包装、从一辆车搬运到另一辆车、投掷包装等。这对包装材料提出了强度要求，以便其能够充分保护产品。规划供应链可以产生两个选项：①确定每个阶段是否有必要，如果不是，则修改供应链；②对于剩余的阶段，可以规划处理包装的方式，基于此，提出可以促进所使用包装系统的修改的可操作性要求。

13.1.3   物流设备

包装系统在物流全程与供应链相互作用。然而，在发展中国家，物流设备通常是不足的。这就提出了许多需要通过包装来应对的挑战。卡车和物料处理设备通常都相当陈旧，质量不高（Souhrabpour, Hellström and Jahre, 2012）。因此，包装保护在促进有效处理、保护等方面变得更加重要。旧的物料处理设备导致处理过程效率较低。一个例子是超载车辆的使用。包装的单元化可以提高这些车辆的利用效率。

缺乏处理设备产生了人工处理和打包过程。事实上，大多数包装填充过程是人工操作的。图 13-1 显示了南非的一个例子。人工处理还包括用篮子和袋子进行打包。为了支持这一点，包装应该能够人工处理并便于人工打包操作，应该易于携带，即有手柄，体积不大，并且具有合适的包装重量，也应该很容易打开、封闭和填充。

图 13-1   南非的户外包装设施

发展中国家经常缺乏托盘，导致包装处理效率低下和对其他包装的保护较少。为了弥补这一不足，设计可堆叠和组合的包装至关重要。通过这种做法，仍然可以有效地处理、储存和运输包装。

最后，物流设备和包装在很大程度上缺乏先进的 ICT 标签，这意味着很难对包装进行追踪。为了应对这一挑战，包装应具有带有文字和插图的标签。

13.1.4　成本

发展中国家优先考虑经济因素，具有成本效益的解决方案至关重要。这对包装至少有三个影响。

第一，发展中国家通常使用廉价的包装材料并尽量减少材料的用量（Souhrabpour，Hellström and Jahre，2012）。如果这导致保护不足，这样的包装就是有问题的，会导致产品浪费。一个例子是质量差的托盘可能弯曲，这导致了二级包装被压缩。另一个例子是包装材料强度不足，导致托盘和包装破裂，因为它们不能承受重量。还有一个例子是木质包装（诸如托盘）上的钉子，可以在其他包装（如在二级包装）中钻孔。正如第 4 章所讨论的，如果浪费的是产品而不是包装材料，总成本和环境影响往往更高。在这种情况下，使用具有更多保护功能、相当昂贵的材料或添加包装材料通常更具成本效益。为了为这样一个过程提出合理的论点，公司需要有一个系统的方法来包装产品。这是一个挑战，因为供应链中的合作通常是有限的。因此，这一成本考虑方面存在组织和知识方面的挑战。解释总成本观点的第一步可以是对供应链中的包装产品进行总成本分析。尽量减少包装材料使用大型包装（Souhrabpour，Hellström and Jahre，2012），因为这意味着每个产品使用的包装材料更少，目的是使包装材料的成本最小化。为了使大型包装在供应链中产生令人满意的效果，需要考虑分配和人工处理的实现（如使用带有手柄和采用避免难以抬起和移动的形状的包装）。尽可能减少使用的包装材料的另一方面是使用的包装材料太薄。这导致保护不足和产生不必要的产品浪费。最简单的方法是添加包装材料。

第二，与发达国家相比，发展中国家的劳动力成本较低。由于物流设备比较昂贵，因此人工处理通常是首选。所需的包装应具有能够高效地实现人工处理的特性，包括在重量、体积和手柄上。

第三，为了最大限度地降低运输成本，发展中国家的一个常见做法是采购当地包装（Souhrabpour，Hellström and Jahre，2012）。在这种情况下，确保适当的材料质量是必不可少的。为了避免误解，描述和说明材料的特性比说明特定包装材料的厚度或等级更有好处。因此，可以避免在包装材料标准和对规格的解释上产生某些差异。与尽可能降低运输成本相关的另一个实践是有效地利用储存空间。许多包装通常堆叠在一起。为了促进这种做法，包装应具有能够实现高堆叠的特征。

13.1.5 气候

包装应保护产品免受温度和湿度变化的影响。在许多发展中国家，由于温度高和湿度相当大，这些气候方面的因素具有挑战性。物流设备不足也可能是造成这些影响的主要原因。锡棚形式的仓库可能会变热；其他类型的仓库可能关闭不严。因此，为了应对这种挑战，包装需要具有额外的保护特征。取决于包装所需的保护，这些包装特征可以包括为温度保护提供绝缘材料或耐湿和耐潮。

13.1.6 安全性

包装产品的安全性涉及两个挑战：被盗窃和被伪造。由于某些地区贫困，生活水平低，加上供应链控制有限，即使是廉价的产品也有可能

被盗。盗窃和伪造在铁路部门很常见（Saruchera，2017）。伪造是一个日益严重的问题，其目的是出售昂贵产品的廉价复制品。这是一个众所周知的问题，对于高端品牌来说尤其如此。

包装可以通过难以打开、难以视觉识别、具备可追踪能力来降低被盗窃和伪造的风险。这些特征不必适用于包装系统的所有级别。例如，如果三级包装是匿名的，则识别或检测给定产品变得更加困难。以类似的方式，如果初级包装非常牢固，使得当其被打开时产品被明显展示出来，则更换产品变得更加困难。包装的可追踪能力可以改善对供应链的控制，从而有助于识别风险点。

13.2　小结

本章讨论了发展中国家常见的供应链挑战及其对包装的影响，确定了 6 类供应链挑战：基础设施、组织和知识、物流设备、成本、气候和安全性。

本章强调，由于运输和储存基础设施不足，包装需要更好地保护并明确传达处理和堆叠要求以及易受损问题，讨论了与包装和物流的组织和知识有关的几个挑战，及其对包装的影响。这些挑战包括缺乏物流人员和包装工作人员的培训、物流标准化水平低、公司之间的合作水平低，以及供应链流程较多。这些挑战中有很多影响包装的保护性特征，但它们也影响可处理性、可堆叠性、带有足够信息的标签的识别能力和传递信息功能等。物流设备通常不足，这对包装保护、促进有效处理等提出了挑战。

接下来，本章讨论了具有成本效益的包装解决方案的必要性，这可能导致使用廉价包装材料和尽可能减少使用包装材料，包装材料从本地采购和采用人工处理通常是首选的替代方案。这些影响强调应把控和实现足够的包装保护和材料质量，并且包装应实现有效和高效的人工处理。在许多发展中国家，包装面临着温度和湿度方面的挑战。为了应对这些挑战，包装需要具有额外的保护特征。最后，本章强调了与盗窃、伪造有关的包装产品的安全性。包装可以通过难以打开、难以视觉识别以及具备可追踪能力来降低被盗窃和伪造的风险。

术语表

分配：（包装功能）将大规模和大批量的产品减少到易管控的规模

退货管理：管理卡车返回其起点的回程运输，目的是在此行程中将货物退回

后向集成：远离最终用户的一种纵向供应链集成形式（如制造商与供应商联合）

条码：该设计用于光学扫描，代码表示对象的数据，由一组竖线和空格组成，有时还包括数字

泡罩包装：具有由可成形网制成的口袋或空腔的预成型塑料包装，用于药品、食品、电子产品、玩具等消费品

散装包装：（与分配、工业和运输包装相同）便于处理、运输和储存许多主要产品的包装，以提供有效的生产和分配，以及防止产品在运输过程中由于物理搬运造成的损坏

集中式组织：决策权被合并到层级结构中的最高管理层。通常情况下，总部的一些高级管理人员承担主要责任并拥有权力

封闭系统：与外部环境隔离的系统，在系统边界之外没有任何相互作用

传递信息：（包装功能）识别供应链中的包装并提供产品信息

消费包装：（与初级包装相同）与产品接触的包装，也是消费者通常

带回家的包装

容纳：（包装功能）保存和维护内容物

提供便利：（包装功能）简化产品的使用

累积能源需求（CED）：生产一种产品或包装时消耗的总能源

分散式组织：决策权分散到组织中较低层级的组织。通常情况下，责任和权力分散到下级单位较低级别的管理人员身上，下级单位可以位于总公司以外的其他地方

展示包装：（与强调展示特征的分组包装相同）为便于保护、展示、处理和/或运输若干初级包装而创建的包装

分配包装：（与散装、工业和运输包装相同）便于处理、运输和储存许多初级产品的包装，以提供有效的生产和分配，以及防止产品在运输过程中由于物理搬运造成的损坏

经济订货批量（EOQ）：一个公司一次订货的数量，以实现该数量的订购、交付和储存成本相关的库存总成本最小化

规模经济：由于运营效率和协同效应，固定成本和间接成本被分配到更多的单位，运营规模使单位成本降低

外部集成：公司之间的集成，包括面向和远离最终客户的集成

前向集成：面向最终客户的一种纵向供应链集成形式（如制造商与客户联合）

分组包装：为便于保护、展示、处理和/或运输多个初级包装而创建的包装

横向集成：竞争对手间的联合

入厂物流：与入厂货物有关的过程，如运输、接收、储存和分配生产中使用的原材料

工业包装：（与散装、分配和运输包装相同）：便于处理、运输和储存大量初级包装的包装，以便提供有效的生产和分配，并防止产品在运

输过程中由于物理搬运造成的损坏

内部集成：公司内部职能之间的集成

生命周期评估（LCA）：一种分析方法，旨在获取与实体（通常是产品）生命周期的所有阶段相关的总体环境影响，从原材料获取，通过生产和使用到废弃物管理

物料处理：在储存区域内和储存区域之间、在制造设施内、在仓库内等的货物或物料的移动和处理，包括叉车操作、装卸、码垛和卸垛、包装和重新包装等。操作可以是手动的、半自动的和全自动的

包装系统的模块化：当包装系统可以分解成多个包装单元（如初级和二级包装）时，就被视为模块化的，这些包装单元可以与其他模块化的包装单元混合和匹配以形成其他包装系统

近场通信（NFC）：通信协议，其使得两个非常接近的电子设备能够通信

归一化：将不同尺度上的值调整为一个共同的尺度

一次性包装：也叫单向包装，一次性使用，如从填装地到销售地或消费地。使用结束后，一次性包装成为废弃物

开放系统：一个开放系统具有系统边界之外的外部交互，要考虑与周围环境交换信息和物料

出厂物流：与出库货物有关的过程，如储存、运输和将货物配送给客户

包装概念：一个确定某些包装属性的平台，例如图形设计、材料或材料性能、形状和标签风格，但不必包括所有这些

包装系统：一个包装系统由初级、二级和三级包装及其相互关系组成

延迟：为了使供应链的早期阶段更有效率，可以推迟包装活动，直到可以获得更多的信息或包装需要多样性

初级包装：与产品接触的包装，以及消费者通常带回家的包装

流程图：在一系列事项中，从起点到最终结果，规划和描述工作、货物、信息等的流程。清晰而详细的流程图有助于人们理解流程及其并行流程是如何工作的，突出了当前流程的特点及其改进潜力

保护：（包装功能）保障内容物的安全

快速响应（QR）码：被设计成用于光学扫描的二维码，代码表示对象的数据，可以通过手机摄像头等成像设备读取

射频识别（RFID）技术：一种无线通信技术，仅利用电磁场来识别和追踪附着在物体上的标签，而不需要标签在设备的视线范围内

补货：为避免缺货而使库存再次充足的操作，可以指补充仓库、零售店、货架等场所的存货

可重复使用的包装：设计为可重复使用而不削弱其保护功能的包装。可重复使用的包装需要逆向物流和对这一过程的管理

逆向物流：物流在产品退货、减少来源、回收、材料替代、材料再利用、废弃物处理和清洁、维修和再制造中的作用（Stock，1998）

销售包装：（与初级包装相同）与产品接触的包装，以及消费者通常带回家的包装

二级包装：二级包装包含一定数量的初级包装

易上架包装（SRP）：以促进保护、展示、处理和/或运输的初级包装，特别强调设计适合零售店

标准化：目的是降低复杂性，针对选定的活动，保护大多数人的利益，长期持续，但在必要时可以进行审查和更改

次优化：系统或组织的一部分而不是整个系统或组织的优化

供应链集成（SCI）：将供应链的各个部分协调和整合成一个有凝聚力的整体。其基本逻辑是同步和整成流程和活动，重点关注面向最终客户的产品

系统：一组单独的部分合作形成一个统一的整体。系统方法是一种将现象或相关部分作为一个整体而不是作为单独的部分来考察的方法。一个系统的特点是整个系统不必等于其各部分的总和，因为这些部分彼此联系形成一个整体。系统的一个基本特征是关注各部分之间的相互作用。一个系统包含一个清晰的系统边界

三级包装：三级包装包含一定数量的二级包装

总成本分析：分析物流决策如何影响物流的总成本，包括与物流相关的一系列成本，如材料处理、运输和仓储成本，以及库存、管理和订单处理成本。一个物流决策可以减少或增加许多这些成本

跟踪：在来源地和消费地之间找到包装产品的能力

追溯：从来源地到消费地追踪包装产品流通路径的能力

权衡：平衡不可能同时实现的几个因素。通过权衡，减少或忽略某些期望结果以换取其他期望结果，目的是在给定情况下使总效益和效率最大化

运输包装：（与散装、分配和工业包装相同）便于处理、运输和储存许多物品的包装初级包装，以提供有效的生产和分配，以及防止产品在运输过程中由于物理搬运造成的损坏

单元化：将包装层级模块化，以提高物料处理和运输效率（如将一些初级包装单元装入二级包装单元，将一些二级包装单元装入三级包装单元）

已使用的包装：在取出所装产品后剩余的包装或包装材料

纵向集成：与供应商和客户的联合

废弃物分数：物流过程中产生的废弃物所占的比例，包括废弃包装材料、损坏的商品等

缩略词

B2C	企业对消费者
BCT	空箱抗压强度测试
CED	累积能源需求
DC	配送中心
ECR	高效消费者响应
EOQ	经济订货批量
ICT	信息和通信技术
ISO	国际标准化组织
KPI	关键绩效指标
L	（包装记分卡）物流效率
LCA	生命周期评估
LDPE	低密度聚乙烯
LTL	零担运输
NFC	近场通信
PM	（包装记分卡）包装材料
PW	（包装记分卡）产品浪费
QR	快速响应

RFID	射频识别
SRP	易上架包装
VA	（包装记分卡）增值
SCI	供应链集成

参考文献

1. Ballou, RH (2004) *Business Logistics/Supply Chain Management*: *Planning, organizing, and controlling the supply chain*, 5th edn, Prentice Hall, Upper Saddle River, NJ

2. Bechini, A, Cimino, MGCA, Marcelloni, F and T omasi, A (2008) Patterns and technologies for enabling supply chain traceability through collaborativee-business, *Information and Software Technology*, 50 (4), pp. 342 – 359

3. Bond, M, Meacham, T, Bhunnoo, R and Benton, TG (2013) Food waste within global food systems: A Global Food Security report (www. foodsecurity. ac. uk)

4. Bowersox, DJ, Closs, DJ and Cooper, MB (2002) *Supply Chain Logistics Management*, First International edn, McGraw-Hill /Irwin, New York

5. Caraballo, V and Westergren, B (2012) Redefinition of pallet configurations, Master's thesis, Faculty of Engineering, Lund University, Lund, Sweden

6. Carlsson, S, Pålsson, mH, Wallstrom, H and Johansson, M (2015) A model for packaging systems evaluation from a sustainability perspectivein the automotive industry, Final report of a project within Sustainable Production Technology (VINNOVA), Stockholm, Sweden

7. Chiesa, V, Coughlan, P and Voss, CA (1994) Development of a

technicalinnovation audit, *Journal of Product Innovation Management*, 13 (2), pp. 105 – 136

8. Council of Supply Chain Management Professionals (CSCMP, 2018) Definition of Logistics Management, https: //cscmp. org/imis0/CSCMP/ Educate/SCM_Definitions_and_Glossary_of _Terms/CS CMP/Educate/SCM_ Definitions_and _Glossary_of_T erms. aspx (accessed 7 April 2018)

9. Davenport, TH and Short, JE (1990) The new i ndust r ial engineering: Information technology and business process redesign, *Sloan Management Review*, 31 (4), pp. 1 –31

10. Doherty, S and Hoyle, S (2009) Supply chain decarbonization: The role of logistics and transport in reducing supply chain carbon emissions, World Economic Forum, Geneva

11. du Preez, ND, Louw, L and Essmann, H (2009) An innovation process model for improving innovation capability, *Journal of High Technology Management Research*, pp. 1 – 24

12. ECR Europe (2007) *Shelf Ready Packaging: Addressing the challenge: A comprehensive guide for a collaborative approach*, http: //www. ecr. digital/wp_contents/uploads/2016/09/ECR-Bericht_Shelf_Ready_Packaging. pdf (accessed 31 January 2018), pp. 1 –51

13. European Agency for Safety and Health at Work (2018), Dangerous substances in packaging, link (accessed 11 January 2018), https: //osha. europa. eu/en/themes/dangerous-substances/clp-classification-labelling-and-packaging-of-substances-and-mixtures

14. Eurostat (2017) *Packaging Waste Statistics*, http: //ec. europa. eu/ eurostat/statistics-explained/index. php? title = Packaging_waste_statistics&oldid = 243064 (accessed 11 April 2018)

15. Hanssen, OJ (1998) Environmental impacts of product systems in a life cycle perspective: A survey of five product types based on life cycle assessments studies, *Journal of Cleaner Production*, 6 (3/4), pp. 299 – 311

16. Hellström, D and Saghir, M (2007) *Packaging and logistics interactions in retail supply chains*, *Packaging Technology and Science*, 20, pp. 197 – 216

17. Henderson, RM and Clark, KB (1990) Architectural innovation: The reconfiguration of existing product technologies and the failure of established firms, *Administrative Science Quarterly*, 35 (1), pp. 9 – 30

18. IEA (2017) Transport sector indicators, https://www.iea.org/Day_2_Indicators_training _Exercice1_ANSWERS.xls (accessed 21 August 2017)

19. INCPEN (2009) Table for one: The energy cost to feed one person, http://www.incpen.org/docs/TableForOne.pdf (accessed 11 January 2018)

20. ITF (2010) Reducing transport greenhouse gas emissions: Trends and data 2010, International Transport Forum, OECD report

21. Johansson, O and Pålsson, H (2009) The impact of Auto-ID on logistics performance: A benchmarking survey of Swedish manufacturing industries, *Benchmarking: An International Journal*, 16 (4), pp. 504 – 522

22. Klevås, J (2005) Organization of packaging resources at a product-developing company, *International Journal of Physical Distribution & Logistics Management*, 35 (2), pp. 116 – 131

23. Klevås, J, Johnsson, M and Jönson, G (2005) A packaging redesign project at IKEA, Department of Design Sciences, Lund University, pp. 1 – 10

24. Kovács, G and Spens, K (2009) Identi f ying challenges in humanitarian logistics, *International Journal of Physical Distribution & Logistics Management*, 39 (6), pp. 506 – 528

25. Kroon, L and Vrijens, G (1995) Returnable containers: An example

of reverse logistics, *International Journal of Physical Distribution &Logistics Management*, 25 (2), pp. 56 – 68

26. Livingstone, S and Sparks, L (1994) The new German packaging laws: Effects on firms exporting to Germany, *International Journal of Physical Distribution &Logistics Management*, 24 (7), pp. 15 – 25

27. Lockamy Ⅲ, A (1995) A conceptual f ramework for assessing strategic packaging decisions, The *International Journal of Logistics Management*, 6 (1), pp. 51 – 60

28. Litzebauer, M (1993) Mehrwegsysteme f ir Transportverpackungen: Marktreport, 2nd edn, Deutscher Fachverlag GmbH, Frankfurt am Main, ISBN: 3871504505

29. Mele, C, Pels, J and Polese, F (2010) A brief review of systems theories and their managerial applications, *Service Science*, 2 (1 – 2), pp. 126 – 135

30. Min, H, Ko, HJ, Lim, YK, Park, JW and Cho, YK (2014) Chal l enges and opportunities for logistics standardisation in Asia-Pacific countries: A descriptive case study, International *Journal of Logistics Systems and Management*, 17 (3), pp. 357 – 380

31. Molina-Besch, K and Pålsson, H (2013) Packaging for eco-efficient supply chains: Exploring f actors in the packaging development process, in *Nofoma Proceddings*, pp. 1 – 16

32. Molina-Besch, K and Pålsson, H (2016) A supply chain perspective on green packaging development: Theory versus practice, *Packaging and Technology and Science*, 29, pp. 45 – 63

33. O'Leary-Kelly, SW and Flores, BE (2002) The integration of manu-facturing and marketing/sales decisions: Impact on organizational performance,

Journal of Operations Management, 20 (3), pp. 221 – 240

34. Olsmats, C and Dominic, C (2003) Packaging scorecard: A packaging performance evaluation method, *Packaging Technology and Science*, 1, pp. 9 – 14

35. Pagh, JD and Cooper, MC (1998) Supply chain postponement and speculation strategies: How to choose the right strategy, *Journal of Business Logistics*, 19 (2), pp. 13 – 33

36. Paine, F (1981) Fundamentals of Packaging, Brookside Press, Leicester, UK

37. Parfitt, J, Barthel, M and Macnaughton, S (2010) Food waste within food supply chains: Quantification and potential for change to 2050, *Philosophical Transactions of the Royal Society (1554) B: Biological Sciences*, 365, pp. 3065 – 3081

38. Pålsson, H (2007) Participant observation in logistics research: Experiences from an RFID implementation study, *International Journal of Physical Distribution & Logistics Management*, 37 (2), pp. 148 – 163

39. Pålsson, H and Johansson, O (2009) Supply chain integration obtained through uniquely labelled goods: A survey of Swedish manufacturing industries, *International Journal of Physical Distribution & Logistics Management*, 39 (1), pp. 28 – 46

40. Pålsson, H, Finnsgård, C and Wänström, C (2013) Selection of packaging systems in supply chains from a sustainability perspective: The case of Volvo, *Packaging Technology and Science*, 26 (5), pp. 289 – 310

41. Pålsson, H, Pettersson, F and Winslott Hiselius, L (2017) Energy consumption in e-commerce versus conventional trade channels: Insights into packaging, the last mile, unsold products and product returns, *Journal of*

Cleaner Production

42. Pålsson, H, Wallström, H and Johansson, O (2014) Returnable vs. one-way packaging: Variables affecting supply chain cost and CO, emissions, Proceedings of EUROMA, Palermo, Italy

43. Robertson, GL (1990) Good and bad packaging: Who decides, *International Journal of Physical Distribution and Logistics Management*, pp. 37 – 40

44. Saruchera, F (2017) Rail freight transportation concerns of developing economies: A Namibian perspective, *Journal of Transport and Supply Chain Management*, 11, pp. 1 – 9

45. Siikavirta, H, Punakivi, M, Ka, M and Linnanen, L (2003) Effects of e-commerce on greenhouse gas emissions: A case study of grocery home del i very, *Journal of Industrial Ecology*, 6 (2), pp. 83 – 97

46. Sivaraman, D, Pacca, S, Mueller, K and Lin, J (2007) Comparative energy, environmental, and economic analysis of traditiona l and e-commerce DVD rental networks, *Journal of Industrial Ecology*, 11 (3), pp. 77 – 91

47. Souhrabpour, V, Hellström, D and Jahre, M (2012) Packaging in developing countries: Identifying supply chain needs, *Journal of Humanitarian Logistics and Supply Chain Management*, 2 (2), pp. 183 – 205

48. Stank, T, Keller, SB and Daugherty, PJ (2001) Supply chain collaboration andlogistical service performance, *Journal of Business Logistics*, 22 (1), pp. 29 – 48

49. Stefansson, G and Tilanus, B (2001) Tracking and tracing: Principles and practice, *International Journal of Services Technology and Management*, 2 (3), pp. 187 – 206

50. Stenmarck, Å, Jensen, C, Quested, T and Moates, G (contributing partners: Buksti, M, Cseh, B, Juul, S, Parry, A, Politano, A, Redlingshofer, B, S cherhaufer, S, Silvennoinen, K, Soethoudt, H, Zubert, C, Ostergren, K) (2016) Estimates of European food waste levels, FUSIONS: Reducing food waste through social innovation, ISBN 978 – 91 – 88319 – 01 – 2, (http: //www. eu-fusions. org/phocadownload/Publications/Estimates%20 of%20European%20food%20waste%20levels. pdf), pp. 1 – 80

51. Stevens, GC (1989) Integrating the supply chain, *International Journal of Physical Distribution & Logistics Management*, 19 (8), pp. 3 – 8

52. Stock, JR (1998) *Development and Implementation of Reverse Logistics Programs*, Council of Logistics Management, Qakbrook, IL

53. Suhaimi, MS (2017) Evaluation of the corrugated box strength performance in supply chains: A case study of Duni AB, Master's thesis, Faculty of Engineering, Lund University, Lund, Sweden

54. Swedish Regulation 2014: 1073 (2014), förordning om producentansvar förförpackningar, https: //www. riksdagen. se/sv/dokument-lagar/dokument/ svensk-forfattningssamling/forordning – 20141073 – om-producentansvar-for _ sfs – 2014 – 1073 (accessed 11 April 2018)

55. Twede, D and Clarke, RH (2004) Supply chain i ssues in reusable packaging, *Journal of Marketing Channels*, 12 (1), pp. 7 – 26

56. Twede, D, Clarke, RH and Tait, J (2000) Packaging postponement: A global packaging strategy, *Packaging Technology and Science*, 13 (3), pp. 105 – 115

57. van der Mescht, J (2006) Revisiting the road versus rail debate, *25th SouthernAfrican Transport Conference*, 1 (July), pp. 485 – 494

58. Williams, H and Wikström, F (2010) Environmental impact of

packaging and food losses in a life cycle perspective: A comparative analysis of five food items, *Journal of Cleaner Production*, 19, pp. 43 – 48

59. Williams, H, Wikström, F, Otterbring, T, Löfgren, M and Gustafsson, A (2012) Reasons for household food waste with special attention to packaging, *Journal of Cleaner Production*, 24 (1), pp. 141 – 148

60. Wu, H-J and Dunn, SC (1995) Environmentally responsible logistics systems, *International Journal of Physical Distribution & Logistics Management*, 25 (2), pp. 20 – 38

61. Zhang, Q, Segerstedt, A, Tsao, Y-C and Liu, B (2015) Returnable packaging management in automotive parts logistics: Dedicated mode and shared mode, *International Journal of Production Economics*, 168, pp. 234 – 244